U0926146

Company's Diversification Decision

Return, Risk and Market Value

公司多元化决策

收益、风险与市场价值

王　辉　著

上海财经大学出版社

图书在版编目(CIP)数据

公司多元化决策:收益、风险与市场价值/王辉著. 一上海:上海财经大学出版社,2015.7

ISBN 978-7-5642-2052-5/F·2052

Ⅰ.①公… Ⅱ.①王… Ⅲ.①公司-经营决策-研究-中国 Ⅳ.①F279.246

中国版本图书馆 CIP 数据核字(2014)第 278941 号

□ 责任编辑 顾晨溪

□ 封面设计 张克瑶

GONGSI DUOYUANHUA JUECE

公 司 多 元 化 决 策

——收益、风险与市场价值

王 辉 著

上海财经大学出版社出版发行

(上海市武东路 321 号乙 邮编 200434)

网 址:http://www.sufep.com

电子邮箱:webmaster @ sufep.com

全国新华书店经销

上海叶大印务发展有限公司印刷装订

2015 年 7 月第 1 版 2015 年 7 月第 1 次印刷

670mm×1092mm 1/16 9.25 印张 160 千字

定价:28.00 元

前 言

行业多元化是公司成长的重要途径,是公司财务重要的研究议题。多元化研究的核心问题是多元化经营对公司价值的影响,学术界对此进行了大量的实证研究,并从多种角度诠释了多元化对公司价值的作用机制。从目前研究成果看,多元化对公司价值有正面影响,也有负面影响。正面的影响主要来自通过多元化建立的内部资本市场;负面影响主要来自投资人和管理层之间,以及各管理层之间的代理关系所引发的投资过度和投资扭曲问题。究竟哪个方面的作用占主导,这取决于公司的内外部运营环境。也有学者认为多元化是公司基于自身特点的最优选择,不损害公司价值;还有理论从市场投资人风险收益的角度解读多元化的价值影响。总的来说,多元化对公司价值的总体影响尚无一致性结论。

本书选择 2006～2010 年中国 A 股上市公司作为研究对象,应用实证研究讨论多元化对于公司价值的影响。考虑到中国市场的特点,结合多元化研究的发展方向,本书重点选择了三个角度进行研究。

首先,出于中国市场的制度背景,大量国有上市公司的存在使得企业在多元化实践方面有着不同于发达市场理论和实践的特点,因此笔者将样本公司分为国有和非国有控股两大类,以时点研究的方法,先从整体上考察多元化对全体公司的价值影响,再分析这种影响对于国有和非国有上市公司是否有差别;分析发现多元化无论对国有和非国有公司的价值都有负面影响,但对国有公司的价值影响更大。笔者从国有公司的融资便利性和跨行业投资效率两方面进行了解读。

其次,本书从动态视角,对多元化和归核化过程进行了分析,证实了多元化和归核化决策的自选择特征,由决策前后公司相对价值的变化来考察多元化的价值影响。结果没有发现多元化决策在短期内对公司价值有显著的负面影响,但随着多元化经营的时间推进,负面效应逐渐累积,达到量变的效果,该结论与截面研究发现的多元化折价现象相一致。归核化策略通过出售非核心业务,提高公司利润率,提升了公司价值,也反证出多元化决策对公司价值有损害。

最后，本书从市场角度出发，根据投资者的风险收益偏好，分析理性投资者在购买多元化公司股票还是建立相应的单一化公司投资组合时的选择偏好。通过构建公司的相对 Sharpe 指数，比较多元化公司与单一化公司组合的风险收益特征，发现多元化公司相对投资组合的 Sharpe 指数更低；在两类公司收益没有显著差异的情况下，多元化公司的整体风险更高，因而投资者对投资组合的青睐导致多元化公司相对单一化公司的低估值。本书进一步检查公司经营数据，发现多元化公司经营利润的波动更大，从而在一定程度上解释了多元化公司股票收益的高风险。

本书的实证结果表明，中国上市公司存在多元化折价现象。这种折价来自现金流方面，即多元化公司经营业绩相比单一化公司更低，收益率相比单一化公司风险更大。本书认为，导致多元化公司出现这些问题的原因在于，公司在进行多元化决策的时候并没有真正考虑公司在经营方面的优劣，而在很多时候是比较轻率地选择了热门行业进行多元化投资，从长期而言，这种投资并不能更好地为公司增加价值。

作　者

2015 年 7 月

目　录

第一章　引　言

一、研究背景与研究意义

多元化可以分为行业多元化和地区多元化，本书研究的是行业多元化，是指公司在两个或两个以上行业开展经营活动；与之相对的概念是单一化经营，是指公司在单个行业从事经营活动。

本书应用2006～2010年中国上市公司的数据，研究中国公司的多元化经营与公司价值的关系。写作主旨如下：

第一，寻找中国公司在多元化经营方面不同于发达国家理论与实践的特点，并重点说明股权性质对于多元化与公司价值关系的影响。

第二，在全面分析国际多元化研究的基础上，探索中国公司多元化研究的薄弱环节，讨论公司多元化的自选择特征，并通过动态的过程研究更深入客观地理解多元化与公司价值的关系。

第三，对于多元化研究的发展方向进行分析，提出从市场角度研究多元化公司价值的意义，讨论多元化公司的市场收益率及其风险特征，并将之与公司角度的研究相结合，为多元化价值研究提供新的思路。

多元化经营一直是公司战略的主要实施方式之一。在美国，伴随着20世纪60～70年代以跨行业并购为主要特征的第三次兼并收购浪潮，多元化公司和企业集团的数量急剧上升；虽然之后很多公司经历了非核心业务剥离的过程，公司通过“归核化”由多行业经营转变为单一行业经营（干春辉，2004），但直到近年，仍有约30%的上市公司为跨行业经营[①]。在日本和韩国，大型企业集团在经济增长中扮演了举足轻重的角色。日本的经连会（Keiretsu）以法人相互持股为基础，形成了将银行、厂

① 根据Lyandres（2007）表1计算得来，该文采用SIC四级行业分类。

商、供应者与日本政府连结在一起的稳定网络，每个经连会都能控制多种工业、资源和服务的经济链的几乎每个步骤。在韩国，在政府指导与支持下的企业集团(Chaebols)在重工业、制造业和贸易等方面占主导地位(庞德良，2001；Yip，1998)。而在我国，多元化同样是很多公司扩张的重要途径，根据笔者的计算，大约30%的上市公司至少跨两个非相关行业进行经营。

从公司财务角度出发，公司经营的一切决策都应以公司价值最大化为目的，多元化当然也不例外。公司的所有者为股东，因此，除了公司进行多元化决策、在多个行业进行投资外，股东也可以通过购买不同行业公司的股票自行进行多元化投资。Lang & Stulz(1994)和Berger & Ofek(1995)首先采用上述思想，将多元化公司看成是多个单一行业经营公司的投资组合，从而为合理地衡量多元化公司的价值提供了基准。与对应的单一化公司组合相比较，若多元化公司价值更低，称为多元化折价(Diversification Discount)；反之，称为多元化溢价(Diversification Premium)。此后，许多学者采取上述方式研究多元化是否为公司创造了价值，但结论各不相同，而多元化对公司价值的影响研究也成为金融领域公司多元化研究的焦点。

相比股东个人进行多元化投资，公司进行多元化投资得到的好处有：降低交易成本(Coase，1937)；通过内部资本市场解除融资约束(Stein，1997)；通过规模经济与范围经济(Economies of Scope and Scale)提高运营效率(Teece，1980)；增加负债能力从而降低资本成本(Lewellen，1971)；以及降低所得税(Majd & Myers，1987)。

另一方面，公司多元化也为公司带来了潜在成本，导致公司价值的下降，这些成本主要来自公司治理成本。例如，公司代理问题导致多元化决策来自于经理人的自身利益而非公司价值最大化(Shleifer & Vishny，1989)；总部对于不同行业之间的资源配置缺乏权力导致多元化公司投资效率低下(Rajan，Servaes，& Zingales，2000)；以及由于多元化公司复杂的内部结构带来更严重的非对称信息问题(Dunn & Nathan，2005[①])。

根据目前的认识，多元化对公司效率和价值的影响与公司运营的内、外部环境有密切关系。金融及要素市场的发达程度、对投资人的保护程度，以及公司治理水平等，在很大程度上影响了多元化对公司价值的作用结果。而对于多元化的研究，以其对公司价值的影响为中心，向更多角

---

① 该论文发现，当公司经营的行业越多，分析师对于公司经营业绩预测的准确性越低。

度、更深层次发展。

本书分析研究中国公司的多元化经营及其对公司价值的影响。相较于发达国家，中国公司具有股权相对集中、公司治理不够完善、资本市场不成熟，以及外部运营环境有待改善的特点；与其他新兴市场相比较，又具有国有控股公司占经济总量相当比重的特点，这使得中国公司成为极具实证意义的研究对象。

本书的研究表明，中国公司多元化实践体现出很多与发达国家相关理论和实证相同的地方，又有一些不同于其他国家研究的结论。笔者发现，中国公司多元化存在价值毁损，就长期而言，多数公司的多元化决策并不能创造价值，而这种价值毁损的程度与公司股权的性质有关：国有公司的多元化导致更严重的价值下降；多元化公司未能体现出理论预期的优势，反而在经营业绩及其稳定性上都存在劣势，也导致在资本市场上，多元化公司的股票具有更大的投资风险和更低的估值。本书认为，多元化折价与公司多元化决策的动机有关，国有公司的多元化大多不以价值最大化为目的，而非国有公司也存在短视、轻率追逐市场热门行业的行为；只有管理者认真分析公司在经营与组织方面的特长，研究市场环境，寻找适合公司多元化发展的行业，才能发挥多元化的优点，为公司创造价值。

二、研究内容与结构

(一)研究结构

本书首先对多元化的价值影响的研究进行总结，重点回顾了对多元化正面和负面价值影响进行解释的各种理论，以及相关的实证研究成果；然后选取了三个视点对中国的多元化进行考察，最后得出研究结论。文章的结构见图 1—1。

本书第二章是文献综述，总结了 20 世纪 20 年代以后美国企业多元化的发展历程，对多元化价值影响的实证结果，以及各种理论解释。多元化投资与公司价值关系的研究自 20 世纪 90 年代以来成为多元化研究的核心，以 Lang & Stulz(1994)与 Berger & Ofek (1995)为代表的一批实证研究发现多元化折价现象，但随后的部分研究在控制了多元化的自选择特征之后发现多元化折价现象消失，甚至出现多元化溢价。到目前为止，学术界还没有就这一问题达成一致性结论。大量的研究从公司或行

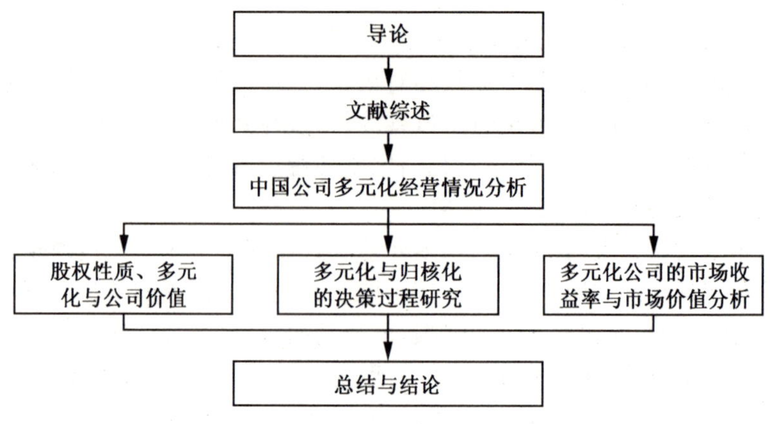

图 1—1　本书结构

业特性、外部市场环境、公司治理等不同角度对多元化与公司价值的关系提出各自解释，并试图借助其他财务模型对传统认识有所突破。本章对多元化投资与公司价值关系的理论与实证研究进行综述，以厘清多元化价值研究的主体框架。

第三章，对中国上市公司的多元化实践情况进行分析。本章对研究数据、样本以及多元化定义做了说明。对样本数据的分析表明，市场上约 30％的公司采取多元化经营，但是这些公司的资产、收入、利润、市值方面仅占整个市场的 20％左右；并且，多元化公司的经营业绩差于单一行业经营的公司。本章还说明了多元化公司相对价值的计算方式。

接下来笔者选择了三个视角实证研究多元化对中国上市公司的价值影响。

第四章，以 2006～2010 年全流通 A 股上市公司为样本，检验了股权性质与多元化的价值影响之间的关系。实证结果表明，平均而言中国上市公司呈现多元化折价现象，但多元化对公司价值的影响与控股股东性质有密切关系，国有公司的价值损毁程度高于非国有公司。进一步的分析认为其原因在于控股股东是否属于国有性质直接影响了公司的多元化动机和公司经营可获得的资源，从而影响企业价值。

第五章，做了多元化和归核化的过程研究。本章从动态视角出发，以 2006～2010 年经历多元化与归核化的 A 股上市公司为研究对象，发现多元化决策与归核化决策都具有自选择特征，选择所依据的因素有市场评价、经营业绩、投资机会等。市场估值较低、业绩较差、上市时间较长的公司意图通过进入新的行业寻找新的投资机会，但现实中多元化决策并未有效提高公司价值，公司利润反而相对单一化公司不断下滑，造成公司价值的进一步折损。与此相对应的，归核化公司在回归主业之前的市场估值相对较高，其中部分公司迫于资金压力选择出售非核心业务，通过减少经营类别，专注于核心业务。归核化后的公司利润率提高，公司价值得以明显提升。

多元化公司折价现象反映了市场对多元化公司的评价低于其对应的单一化公司的组合。第六章从市场投资者角度出发，对多元化折价做出了新的诠释。实证发现多元化公司股票在收益方面与单一化公司组合没有明显差异，但风险却更高；理性的投资者将放弃多元化公司股票，进行模拟组合的投资，从而体现为多元化公司折价。该章用相对 Sharpe 比率衡量股票的风险—收益特征，很好地解释了多元化折价，并讨论了多元化公司股票具有更大投资风险背后的基本面原因。

第七章，总结了本书的主要结论，指出中国公司多元化实践存在的问题，并对如何发挥多元化经营的优势提出自己的看法。

（二）研究重点与创新

最近 20 年来，多元化问题一直是公司财务在学术研究方面的热点话题，多种不同的理论、研究方法和研究角度不断出现；本书立足于中国市场的特点，在分析国际和国内多元化研究的现状和发展的基础上，重点从三个方面分析中国公司的多元化及其对公司价值的影响。

(1)从制度因素出发，根据控股公司的股权性质将上市公司分为国有和非国有两大类，对比两类公司中多元化经营对公司价值的影响；并基于不同股东类型的公司在融资约束和投资动机上的差别，分析两类公司在投融资方面的差别，以寻找造成多元化策略不同影响效力的原因。

Fan 等(2011)认为，由于制度因素(Institutional Factors)对公司的组织结构和行为有着根本性的影响，因而忽略发达市场和新兴市场的制度因素的差异，将两个市场中公司的行为和业绩进行简单类比会产生误导性的结论，文章因此提出对新兴市场的公司问题的研究需要遵循自上而下的范式(见图 1—2)。西方(主要指美国)公司财务研究的制度基础是较完善的法律制度、发达的要素市场和资本市场、分散化的股权结构，在此基础上的分析多集中在公司治理结构上。而新兴市场显然不具备上述特征，因此新兴市场中公司问题的研究不能机械地照搬西方财务理论，从更基础的制度层面出发讨论问题才有意义。Fan 等(2011)进一步提出，需要考虑的重要的制度因素包括政府质量(Government Quality)、国有持股(State Ownership)和金融市场发达程度。

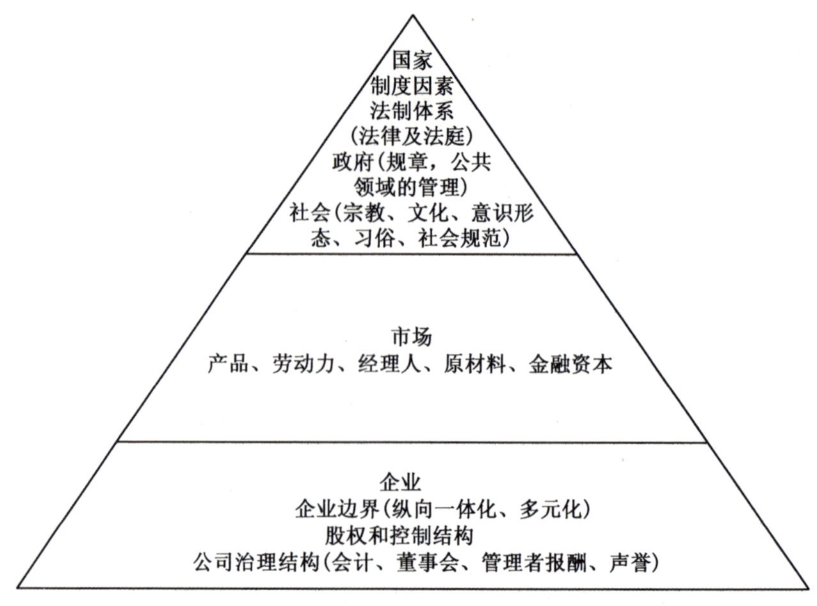

资料来源:Fan 等(2011)。

图 1—2　新兴市场企业行为研究的自上而下的范式

中国公司的股权结构呈现出不同于美国公司的特点,中国的上市公司股权分布较为集中,第一大股东往往具有实际控股地位,而管理层持股比例非常低,因而公司决策往往取决于控股人的意志,多元化决策很可能是控股人根据自身利益出发的决定。从这一点上说,中国公司的股权结构与家族企业有很大的相似性。但是,相当一部分中国公司的控股股东与一般家族企业有着本质的不同,属于国有控股的身份。Alchian (1965)指出,由于国有股份一般不能自由转让,国有股权对管理层激励、公司组织结构等有较大的影响。而 Shleifer (1998)也指出,国有持股会造成股权激励不足(The Lack of Ownership Incentives)以及政府对生产活动的高度干预,因而国有持股容易造成公司的低生产效率、激励和干预问题,使得国有持股公司的治理和融资都与非国有公司有较大差别。

基于以上原因,本书检验了不同股权性质的公司在多元化实践方面的差别,以及在多元化的价值影响上的差异。本书不同于之前研究的地方在于:不仅使用股权性质虚拟变量作为解释多元化公司价值的因素,而且将整体样本分为国有公司和非国有公司两个子样本进行实证研究;在具体研究方法上,各自以国有单一化公司和非国有单一化公司为基准,分别计算国有多元化公司与非国有多元化公司的相对价值，以期能够衡量剔除了股权性质因素之后的公司价值，从而更客观和科学地分析多元化对于公司价值的影响。

(2)以动态视角分析多元化和归核化过程，这里的多元化过程指的是公司从单一化经营转变为多元化经营的过程，归核化过程指的是从多元化经营转变为单一化经营的过程；检验公司的多元化和归核化决策是否存在自选择特征，并通过多元化和归核化决策前后公司价值的变化分析多元化的价值影响。

多数研究在衡量多元化对公司价值的影响时采用的是横截面式的研究方法，该方法将多元化公司的价值与所在分行业的单一化公司的价值进行横向比较，看多元化公司相比单一化公司是折价还是溢价，并且从多元化与单一化公司特性和行为的差异上探究折价或是溢价的原因。该方法虽然获得理论界的普遍认可，但也存在一定局限性：一方面，仅凭时点研究无法看清多元化与公司价值关系的全貌；另一方面，该方法中由多元化的自选择引发的问题比较突出。

本书实证研究的第二部分转换到时间序列角度，将公司多元化看作是一个动态过程，通过多元化决策前后的对比来判断公司的价值是否变化，并从经营状态的变化中寻找影响价值变化的原因。此外，归核化作为多元化的反向决策，对其过程的分析也可以为多元化研究提供重要的证据。由于过程研究关注的是同一家公司在决策前后状态的变化，避免了多元化公司与单一化公司的横向比较，可以在较大程度上控制多元化的自选择问题。之前关于中国公司多元化的研究缺少过程研究和归核化研究，本书的相关分析对于深入全面地研究中国公司多元化无疑具有一定的价值。

(3)从市场角度出发，针对多元化对公司价值的影响做了创新性的解读。自 Lamont & Polk (2001)从公司证券收益率分析多元化对公司价值的影响之后，以市场投资者的视角研究公司多元化成为新的发展方向。公司财务的基本理论认为，公司价值是其未来所有预期现金流的折现，因此公司价值是由预期现金流和折现率共同决定的；这样，多元化折价的原因必然是，多元化公司的预期现金流更低，或者折现率更高，或者两者均存在。但是现有的对多元化价值影响的讨论大多从公司基本面出发，讨论影响公司现金流的诸多因素，缺少关于多元化公司预期回报率的研究。

本书实证研究的第三部分是从市场角度出发解释多元化与公司价值的关系。该部分研究突破了之前相关研究的研究思想和研究方法，将公司多元化与投资者风险—收益偏好相结合，建立模型分析多元化与公司价值的关系。

首先，研究提出了新的研究思想，分析多元化公司股票与其相对应的单一化公司股票投资组合在风险以及收益方面的差别，高收益低风险偏好的投资者的市场买卖行为直接影响到多元化公司的溢价/折价。Lamont & Polk (2001)的研究仅认为公司证券收益率的大小影响公司现金流的现值大小，而本研究将收益率及其风险对于多元化价值研究的意义无疑进行了很大的拓展。

其次，不同于 Lamont & Polk (2001)直接分析多元化公司的收益率，本研究提出了相对收益率、相对风险，以及相对 Sharpe 比率等新的概念，从不同角度对比多元化公司股票与模拟的单一化公司股票投资组合的收益与风险特征；Lamont & Polk (2001)对比了多元化公司与单一化公司的收益率，未能发现其差异可以解释多元化折价的证据，而本研究提出的相对 Sharpe 比率可以用于度量公司股票的风险—收益特征，这一变量可以很好地解释多元化公司相对单一化公司的价值。

最后，之前的相关论文忽略了市场交易数据所体现的收益及风险与公司经营的联系，本书将市场角度与公司角度相结合，说明多元化公司的股票具有更高的风险，并通过分析公司的经营数据，发现多元化公司在经营业绩方面同样很不稳定；上述发现说明，在中国，理论所认为的多元化降低经营风险的优势并不成立，反而多元化投资低效率的缺陷比较明显。笔者通过对多元化公司的风险—收益特征与公司经营之间的联系的研究，将市场角度与公司角度相结合，使多元化对公司价值影响的研究更加全面和深入。

此外，本书借用相对市场价值 EV 的思想，还提出了对于多元化公司相对账面价值的衡量指标 EA 以及相对利润的衡量指标 EI，这些新的指标能够使本书更有效地从多方位解读多元化对公司价值的影响。

(三)研究方法

本书在实证研究中主要采用以下数量分析方法分析中国上市公司的财务数据与市场交易数据：

1. 样本数据差异性的非参数检验

在对多元化的研究中，本书将样本公司按照多元化程度、股权性质的差异等分成不同的子样本，讨论这些子样本的公司在经营业绩、市场价值，以及公司特征等方面是否存在显著差异。

(1)均值的差异性检验。常用的样本均值差异性检验方法是 t 检验

和F 检验。采用t 检验,基本原理如下:

对于互相独立的两个子样本,m_i,s_i,n_i分别为其均值、标准差和样本个数,$i=1,2$。假设检验为:

$$H_0: m_1 - m_2 = 0$$

$$H_1: m_1 - m_2 \neq 0$$

假定两个样本具有相同的标准差,采用下面的公式估计这一标准差为:

$$s = \sqrt{\frac{(n_1-1)s_1^2 + (n_2-1)s_2^2}{n_1+n_2-2}} \tag{1-1}$$

那么,两个样本均值差异的 t 统计量为:

$$t = \frac{m_1 - m_2}{s\sqrt{\frac{1}{n_1}+\frac{1}{n_2}}} \tag{1-2}$$

此时t 服从自由度为(n_1+n_2-1)的t 分布,若t 的绝对值大于t 分布的临界值,则拒绝原假设。

(2)中位数的差异性检验。对于样本中位数差异性的检验方法包括 Wilcox 秩检验、Chi 平方(χ^2)检验、Waerden 检验和 Kruskal-Wallis 秩检验等。本书采用 Chi 平方(χ^2)检验,基本原理如下:

对于互相独立的两个子样本,d_i,n_i,l_i,k_i分别为其样本中位数、样本个数、大于总体样本中位数的样本个数和小于总体样本中位数的样本个数,$i=1,2$。假设检验为:

$$H_0: d_1 - d_2 = 0$$

$$H_1: d_1 - d_2 \neq 0$$

构建两个样本中位数差异性检验的χ^2统计量:

$$\chi^2 = \frac{(l_1k_2 - l_2k_1)^2(n_1+n_2)}{(l_1+k_1)(l_1+l_2)(l_2+k_2)(k_2+k_1)} \tag{1-3}$$

服从自由度为 1 的χ^2分布。

2. 合并数据(Pooled Data)多元回归检验

本书的研究数据来自 2006～2010 年上市公司的财务与市场数据,选择不同年的公司为一个样本,形成了合并数据,称为公司年数据。

一般地,采取多元线性回归模型分析样本数据:

$$y_i = \alpha + \beta_1 x_{i1} ++ \beta_2 x_{i2} + \cdots + \beta_K x_{iK} + \varepsilon_i \tag{1-4}$$

这里y 是被解释变量,而x 则是K 个解释变量。对于干扰项ε_i,要求满足零均值、同方差,以及无自相关等要求。

分析样本如果可以分成若干子样本,上述回归的部分或者全部系数可能在不同的子样本里是不相同的,采取 Chow 检验判断不同样本回归系数是否稳定:

对于子样本 1 和子样本 2 分别进行多元回归，n_i 和 RSS_i 分别为其和回归残差平方和，$i=1, 2$。计算 F 统计量：

$$F=\frac{(RSS-RSS_1-RSS_2)/K}{(RSS_1+RSS_2)/(n_1+n_2-2K)} \tag{1—5}$$

这里 RSS 为总体样本回归的残差平方和。如果回归模型不存在结构变化，那么 RSS_1 和 RSS_2 不是统计不同的，则 F 统计量服从分子自由度为 K、分母自由度为(n_1+n_2-2K)的 F 分布。

对于(1—4)的回归结果，我们可以应用 Wald 系数检验判断某一个变量的系数 β_H 是否显著地不同于某一常数 b。建立如下假设检验：

$$H_0:\beta_H-b=0$$

$$H_1:\beta_H-b\neq 0$$

如果原假设成立，模型(1—4)转化为：

$$y_i-bx_{iH}=\alpha+\beta_1x_{i1}+\beta_2x_{i2}+\cdots+\beta_{H-1}x_{i,H-1}+\beta_{H+1}x_{i,H+1}+\cdots+\beta_Kx_{iK}+\varepsilon_i \tag{1—6}$$

RSS 和 RSS_r 分别代表(1—4)和(1—6)模型回归的残差平方和，n 为样本数，那么 F 统计量为：

$$F=\frac{(RSS-RSS_r)/K}{RSS_r/(n-K)} \tag{1—7}$$

服从分子自由度为 K、分母自由度为($n-K$)的 F 分布。

3. 面板数据(Panel Data)多元回归检验

在分析合并数据时，本书把每一个公司不同年的数据视为不同的样本，但注意到这些样本可能属于同一个公司，公司特性可能带给数据不同的特点，如果在研究样本中对此进行分类，就形成了面板数据，它同时包含时间序列数据(2006～2010 年)和横截面数据(不同的公司)。

应用面板数据多元化回归，可以用来分析公司的固定效应，即分析跨公司的差别，这种差别可以由常数项的差别来说明。假定 y^j 和 $X^j=(x_1{}^j, x_2{}^j,\cdots,x_K{}^j)$ 为样本公司 j 的观测值，那么回归模型可以写为：

$$\begin{bmatrix} y^1 \\ y^2 \\ \vdots \\ y^M \end{bmatrix}=\begin{bmatrix} 1 & 0 & \cdots & 0 \\ 0 & 1 & \cdots & 0 \\ \vdots & \vdots & \ddots & \vdots \\ 0 & 0 & \cdots & 1 \end{bmatrix}\begin{bmatrix} \alpha_1 \\ \alpha_2 \\ \vdots \\ \alpha_M \end{bmatrix}+\begin{bmatrix} X^1 \\ X^2 \\ \vdots \\ X^M \end{bmatrix}\begin{bmatrix} \beta_1 \\ \beta_2 \\ \vdots \\ \beta_K \end{bmatrix}+\begin{bmatrix} \varepsilon_1 \\ \varepsilon_2 \\ \vdots \\ \varepsilon_M \end{bmatrix} \tag{1—8}$$

4. Logit 模型

在本书研究的内容中，一些样本数据可能是离散而非连续的、特别的，样本数据是二元的(0 或者 1)，公司是否为多元化经营等。当研究多元化公司的特征时，需要对是否进行多元化决策这样一个二元变量进行回归，寻找公司多元化决策的决定因素，这时候采取 Logit 模型进行分析。

在样本数据中观察到的是二元变量 $Y=0$，或者 $Y=1$，Logit 模型相信 Y 由变量 $X=(x_1,x_2,\cdots,x_K)^T$ 决定，有：

$$\begin{aligned}\Pr(Y=1)&=F(\beta'X)=\frac{e^{\beta X}}{1+e^{\beta X}}\\ \Pr(Y=0)&=1-F(\beta'X)\end{aligned}\tag{1—9}$$

第二章　文献综述

20 世纪 20 年代之后多元化逐渐成为企业成长的重要战略，对多元化的研究则始于 20 世纪 50 年代。早期的研究多注重于多元化的动机、新进入的行业、多元化的途径，以及多元化策略对企业业绩的影响。

以 Lang & Stulz (1994)和 Berger & Ofek (1995)为标志，多元化的研究进入到较为全面和深入的阶段。本章对这一时期多元化研究的主要成果进行总结，梳理探讨多元化与公司价值关系的不同理论，对其理论模型、研究方法和相关实证展开评析，并对中国多元化研究的成果进行总结和展望。

从研究方法与研究内容上看，多元化与公司价值关系的研究大致可以分成两类：第一类研究首先应用实际数据检查多元化对公司价值的影响，这种影响可能是正面的，导致公司价值增加；也可能是负面的，导致公司价值减少。进一步地，对于导致多元化正面或负面影响的因素进行猜测，提出解读，以说明多元化对价值的正、负面影响与公司内、外部经营环境有密切关系。这类研究也包含了对多元化自选择问题的讨论。第二类研究则首先提出相关模型和理论，说明多元化的动机、多元化对公司价值的作用机制，并通过理论得出多元化带来公司价值增加或者减少的结论；进一步地，通过实际数据对理论进行验证。对多元化的理论解释很多，大致可分为公司经营角度、市场角度及其他角度。多数学者从公司经营的角度对多元化进行了解读：内部资本市场理论认为，公司通过多元化建立了能够在部门间进行资金二次配置的内部市场，提高了资金使用效率，对公司价值有提升作用；代理成本理论认为，公司股东与经理层之间，以及各层级经理之间的委托代理关系造成了经理层为了私有利益而进行过度投资或部门间补贴，因而导致公司价值的折损；内生性理论则探讨什么样的公司特质促使公司选择多元化，以及多元化投资策略是否是具有某些特质的公司的最优选择。也有学者从市场角度出发，分析多元化公司股票的收益率特征，结合投资者的交易行为说明其对公司价值的影响。此外，一些学者另辟蹊径，借鉴公司财务的其他理论来分析多元化公司的价值。图 2—1 总结了多元化价值研究的主要脉络。

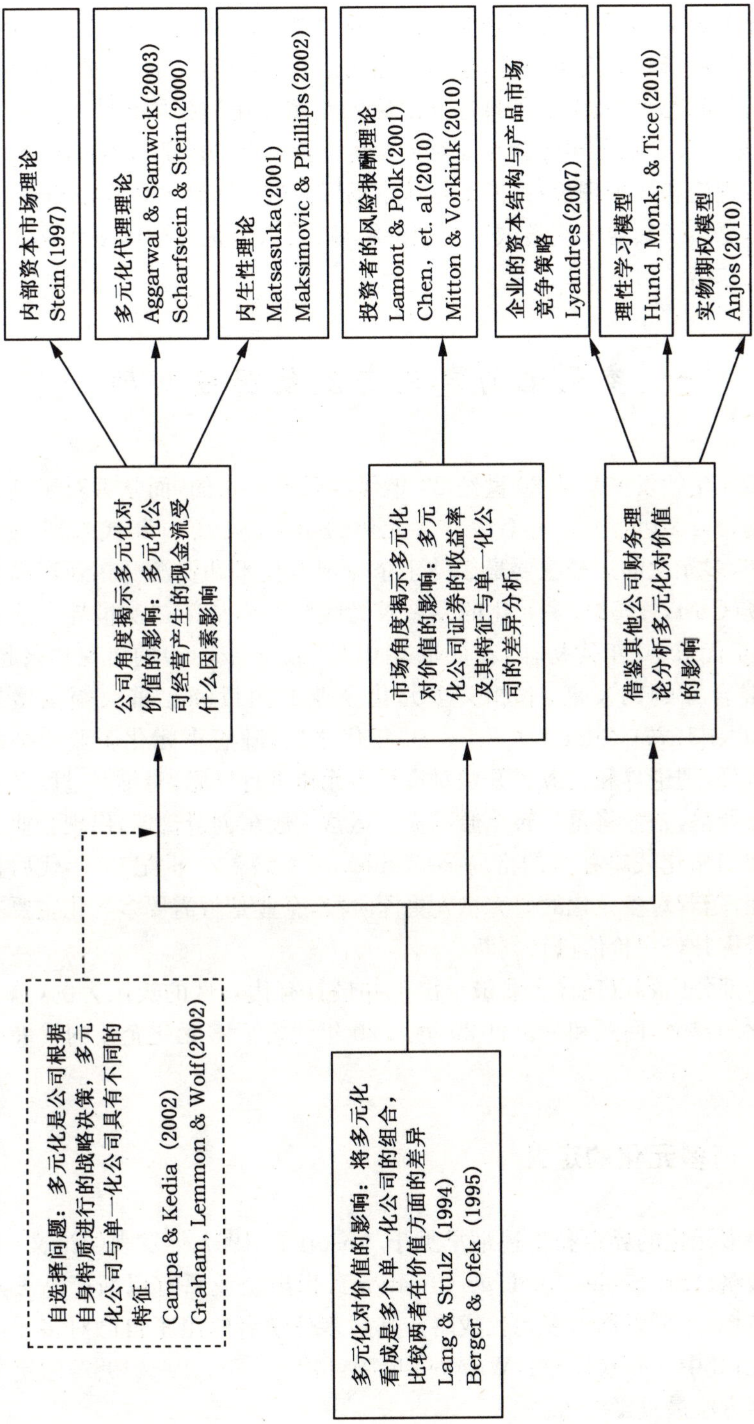

自选择问题：多元化是公司根据自身特质进行的战略决策，多元化公司与单一化公司具有不同的特征
Campa & Kedia（2002）
Graham, Lemmon & Wolf(2002)

多元化对价值的影响：将多元化看成是多个单一化公司的组合，比较两者在价值方面的差异
Lang & Stulz（1994）
Berger & Ofek（1995）

公司角度揭示多元化对价值的影响：多元化公司经营产生的现金流受什么因素影响

内部资本市场理论
Stein(1997)

多元化代理理论
Aggarwal & Samwick(2003)
Scharfstein & Stein(2000)

内生性理论
Matsasuka(2001)
Maksimovic & Phillips(2002)

市场角度揭示多元化对价值的影响：多元化公司证券的收益率及其特征与单一化公司的差异分析

投资者的风险报酬理论
Lamont & Polk(2001)
Chen，et. al(2010)
Mitton & Vorkink(2010)

借鉴其他公司财务理论分析多元化对价值的影响

企业的资本结构与产品市场竞争策略
Lyandres(2007)

理性学习模型
Hund, Monk, & Tice(2010)

实物期权模型
Anjos(2010)

图 2-1 多元化价值研究的基本发展脉络

本章将逐一介绍上述各部分的研究方法、内容及成果:第一节概括了多元化的定义,回顾了美国企业多元化的发展历程;第二节总结了多元化对公司价值影响的实证研究,包括对多元化价值影响的初步考察、多元化的自选择问题,以及考虑了自选择之后的对多元化与公司价值关系的再考察;第三节是从公司经营层面对多元化进行解释的内部资本市场理论、内生性理论和代理理论;第四节是从市场层面进行解释的风险报酬理论;第五节总结了其他一些尝试性的理论解释;第六节是对中国多元化研究现状的总结。

一、多元化的定义与发展历程回顾

多元化的发展是从 20 世纪 20 年代以后才开始的,而学者对于其的研究则始自 20 世纪 50 年代。在多元化的初期,从 1920 年代末到 1950 年代初,多元化的途径主要是借助于企业现有技术和资源开拓新产品和新市场(Gort, 1962),多元化的发展较为缓慢。而从第二次世界大战后到 60 年代末 70 年代初,随着企业集团(Conglomerates)的出现和兴起,以及混合并购的发展,非相关多元化企业的数量和比重大幅度增加(Chandler 1977;Rumelt,1982)。80 年代之后,随着多元化企业业绩的逐步下降,理论界和实务界开始对盲目多元化进行反思,对早期过度多元化做出调整,企业将重心转至通过资本运营为股东创造价值,出现企业多元化和归核化战略并行的格局(Markides, 1996)。20 世纪 90 年代后直到现在,随着对多元化的研究步入更深阶段,企业是否需要多元化主要围绕能否提升公司价值进行判断。

本部分内容以现代企业最早出现并最具有代表性的美国为例,总结多元化的定义,回顾和分析自 20 世纪 20 年代之后多元化企业的发展历程。

(一)多元化的定义

对多元化的界定和论述最早见于 Ansoff 在 1957 年发表的论文《多元化战略》(Strategies for Diversification),指出企业只有以新产品去开发新市场,才可以称为多元化战略。其后多位学者给出了自己对多元化的定义;其中,Gort(1962),Wrigley(1970)和 Rumelt(1974,1982)的定义及量度方法最具影响力。

Gort(1962)认为,多元化就是单个企业提供服务于不同市场的多个商品。对于多个商品的定义,作者排除了不同商品间的差异微小,或者不同商品位于同一产业链的上下端的情形。对于不同市场,则从经济学角度出发,采用对产品的需求交叉弹性(Cross-elasticity of Demand)进行定义:两种产品的需求交叉弹性高,产品的可替代性强,则它们属于同一市场(或行业);需求交叉弹性低,则属于不同市场(或行业)。

另一种辨别不同市场的方法就是看生产要素在两个产品市场间的流动性:当要素可以快速从一种产品流向另一种产品,从生产者角度看两种产品就属于同一行业,尽管从消费者角度它们可能有很大区别。一种产品价格的变动引发了资源的流动,因而影响到另一种产品的价格和产出。因而,当要素在不同产品间有高度流动性时,两种产品在价格、产出和销售收入上的高度相互依赖与它们较高的需求交叉弹性是一致的,并且很多情况下两种产品具有高度可替代性。以上两种确认不同行业的方法是一致并互补的。

总之,Gort(1962)将多元化定义为企业的产出服务于不同的市场。如果两种产品的需求交叉弹性较低,或者生产某种产品的资源不能轻易转移到另一种产品上,这两种产品就属于不同行业,而同时提供不同行业产品的企业叫作多元化企业。需要注意的是,一般难以获取需求交叉弹性(或要素流动性)的数据,而且需求交叉弹性高低(或要素流动性高低)的界定也存在一定的主观性,因此 Gort(1962)在其研究中采用 SIC 代码①来辨别企业所涉及的行业。SIC 代码主要根据产品之间的可替代性制定,同时也参考生产过程和采用的生产要素。在企业生产的产品超过一个 SIC 代码时,占整个企业产出或人力资源比重最高的行业被定义为该企业的主业。

除 SIC 代码外,还有其他一些颇具影响力的划分方法。Wrigley(1970)提出以专业化比率(Specialization Rate, R_s)②作为度量企业多元

---

① SIC 代码,即 Standard Industrial Classification Code,标准产业分类代码,是美国政府对商业机构划分的四位数代码,以确定其主营业务。SIC 代码建立的主要目的是为方便收集、描述和分析数据,并加强数据的统一性和可比性。统计数据由各级联邦政府、州政府机构和私人组织提供,分类涵盖了所有经济行为。SIC 代码可以分为二级、三级和四级代码。二级代码是四位数的前两位,代表主要产业群;三级代码是前三位数,代表产业类别;四级代码代表具体行业。

② 专业化比率指企业最大一类产品的年销售额占到企业年销售总额的比例。根据专业化比率从高到低,将企业分为单一产品型、主导产品型、相关产品型、非相关产品型四个类型,其中后面三种属于不同程度的多元化经营。

化水平和划分战略类型的依据。在此基础上，Rumelt(1974)提出了相关性比率(Related Ratio，R_r)和纵向一体化比率(Vertical Ratio，R_v)的概念[①]，并据此将企业多元化战略划分为单一业务型、主导业务型(含纵向一体化主导业务型、限制主导业务型、联系主导业务型、非相关主导业务型)、相关业务型(含限制相关业务型、联系相关业务型)、非相关业务型(含多业务型以及非相关业务组合型)四大类九个子类。进一步地，Rumelt(1982)又提出了相关核心比率(Related Core Ratio，R_c)，以量度企业利用相同的核心技能、能力和资源形成的最大一组业务的销售额占到企业销售总额的比例，并将多元化战略体系修正为七个类型，其中专业化比率 $R_s \geqslant 0.95$ 的为单一业务公司，其他为多元化公司。按照多元化程度的差异，从低到高排列企业顺序如表 2—1 所示。

表 2—1　　企业按照多元化程度的低到高排列

战略分类	划分比率
单一业务型(Single Business)	$R_s \geqslant 0.95$
纵向一体化主导(Dominant Vertical)	$R_v \geqslant 0.70$
限制主导(Dominant Constrained)	$0.95 < R_5 < 0.7, R_c > (R_r + R_s)/2$
联系—非相关主导(Dominant Linked-unrelated)	$0.95 < R_5 < 0.7, R_c < (R_r + R_s)/2$
限制相关(Related Constrained)	$R_s < 0.7, R_1 > 0.7, R_c > (R_r + R_s)/2$
联系相关(Related Linked)	$R_s < 0.7, R_1 > 0.7, R_c < (R_r + R_s)/2$
非相关业务型(Unrelated Business)	$R_r < 0.7$

资料来源：Rumelt(1982)。

虽然 Rumelt(1982)对于多元化战略的定义和分类方法比较细致和准确，但由于其指标的确定具有较强的主观性，对于大样本的分析研究可行性比较低，因此在 20 世纪 90 年代多元化研究进入新阶段后，绝大多数相关研究都利用 SIC 行业代码来度量公司的多元化程度。这种方法的主要优点在于依据标准较为客观，应用起来较为方便，这样能够确保大样本的研究。但该方法也存在一定弱点，最大的问题在于对多元化的类型划分不是完全准确。例如，一个企业跨两个 SIC 二级行业经营在该方法下被确认为非相关多元化，但实际可能属于纵向一体化范畴。由于这种

---

① 相关性比率指企业最大一组相关产品的年销售额占到企业年销售总额的比例；纵向一体化比率指企业在纵向一体化过程中所有副产品、中间产品和最终产品的年销售额占到企业年销售总额的比例。

情形属于少数情况，利用 SIC 代码确定多元化程度基本能保证准确，保证研究结论的可靠性，因而该方法得到了最广泛的应用。

（二）多元化发展的初期阶段：20 世纪 20～50 年代

多元化企业的出现可以追溯到很久之前。早在 16 世纪，Jakob Fugger Ⅱ就涉足矿业、地产、银行和香料贸易等多个领域，而 18 世纪的不列颠东印度公司也介入多个行业进行经营。但当时大多数企业的规模都比较小，从事多元化经营的大公司非常少，属于个体现象。Chandler(1977)认为："直到 20 世纪 20 年代，多元化才成为企业成长的一个明确的策略……为了更充分地利用企业现有的生产设备和管理能力，企业的高层经理开始有意识地开发新产品和新市场。杜邦公司就是最早的这一类多元化公司……20 世纪 20 年代中期到 30 年代出现的严重的经济萧条，更是加强了企业寻找新产品的激励。"

多元化企业的成长是一个随着现代工业企业的出现和成长而渐进的过程，是企业组织发展到一定程度的自然结果(Penrose，1959)。市场规模的扩大以及技术进步使得大量生产和大量分配成为可能，催生了现代工业企业的发展，而现代企业的发展促进了企业多元化经营手段的出现。多元化策略能够更充分地利用企业设备和管理能力，从而确保企业的长期健康发展。

Gort(1962)重点研究了美国最大的 111 家制造业企业，详细分析了 1929～1954 年美国大型制造业企业多元化的特征与趋势。根据 1954 年的经济普查数据，多元化企业虽然数量有限，不到企业整体数量的 1%，却占据了从业人数的 38%，其平均规模具有绝对优势。其中在制造业和矿业中多元化企业所占比重最高，分别是 1.3%和 1.25%；在两个行业中的从业人数更是占到相当比重，分别达到 53.02%和 35.01%。对制造企业而言，111 个样本平均涉及 20.4 个 SIC 四级行业，剔除非制造业产品，平均涉及 15.6 个制造业行业。需要注意的是，虽然企业涉及的行业数量较多，但多数跨行业产品所占比重都非常小，45.3%的制造业产品只占用了不到 2%的劳动力。多元化企业的发展速度在第二次世界大战后明显提升，1950～1954 年企业年均新产品增加速度达到 107.8%，远远超过 1929～1939 年的 48.4%以及 1939～1950 年的 43.1%。尽管如此，多元化进程并不像产品增加百分比显现得那么快，多元化战略还未对企业结构造成实质性影响。

数据显示，这一阶段的多元化呈现以下几个特点：

(1)多元化进程中进入最多的是当时高增长的行业，如化学品和机械行业，而进入最少的则是发展较慢的行业，如食品、烟草、石油和煤炭行业。

(2)整体而言，新进入行业与原有主业间的关联度在逐渐下降。

(3)企业规模和多元化之间有较强的正相关关系。

(4)企业多元化的偏好有持续性倾向。

对此，Gort (1962)认为，大规模的企业更愿意进入新兴行业，因为其在原来行业的增长速度放缓，而愿意投入增长最快的行业，但决定资本流向最具决定性的因素不是行业增长速度而是科技改变速度。科技改变速度最快的行业也是多元化最活跃的领域，这些行业往往要求高度专业化的管理和科技能力，因而，原本拥有大量技术型人力资源的公司在多元化过程中更显优势，在多元化领域也更活跃。新进入的企业很快成为行业内强有力的竞争者。反过来，由于新进入者带来大量资本金，被进入行业的增长速度进一步加快。

Gort(1962)认为，对企业个体而言，多元化减少了企业对某个特定主业业绩的依赖，减少了公司盈利的波动性，因而多元化被当作企业抵御周期性波动的有效工具；另一方面，投资其他行业拓宽了企业的投资面，增加了企业的投资机会(当然也有可能进入到公司不擅长的领域)，因而增强了企业的发展潜力。

1929～1954 年期间 111 家样本公司新产品的增加多数以多元化的形式实现，但也涉及一定数量的纵向一体化(Integration)。而纵向一体化被定义为针对同一最终产品，企业在不同生产阶段的布局，即上下游行业的合并。制造业企业在非制造业的扩张经常和纵向一体化有关，其中向产业链前端扩张比向后端扩张明显要多。石油、石化和初级金属企业进入非制造业较多，而且大多与原材料有紧密关联；而消费品生产商更愿意进入零售环节。

(三)多元化发展的兴盛阶段:20 世纪 50～70 年代

Gort(1962)已经发现第二次世界大战后企业多元化的节奏开始加快。实际上，随着西方发达国家进入经济恢复和高速发展时期，企业并购活动变得活跃起来，在 20 世纪 60 年代后期形成高潮，并于 1970 年代逐渐消退。从并购的类型看，混合并购逐渐成为主要的并购形式[①]。

① 混合并购即并购企业与被并购企业分属不同的产业部门，且这些部门之间没有特别的生产技术联系。进行这些并购的主要目的是谋求生产经营多样化，降低经营风险。

表2—2列出了第二次世界大战后到20世纪60年代末美国制造业和矿业中大企业的并购情况。1960年代后期在涉及资产100万美元以上的并购中，80%以上是混合并购，并且相应地，出现了许多多元化经营的大型公司。到20世纪60年代中期，几乎所有化学、橡胶、玻璃、纸张、交通工具、电气设备和食品等行业的大公司都横跨10个或以上的SIC四级行业。大部分的金属、石油和机械类大型公司都跨3～7个行业经营①(Chandler，1969)。为了获得最大投资收益，到1960年代这些企业几乎都采用了分支部门拥有较大自主经营权、总部负责评价分支业绩和掌握公司长远规划的结构。

表2—2　　美国制造业和矿业中大企业并购及其分布情况

并购类型	1948～1953年		1954～1959年		1960～1966年		1967年		1968年	
	数目	百分比(%)	数目	百分比(%)	数目	百分比(%)	数目	百分比(%)	数目	百分比(%)
横向并购	18	31	78	25	69	13	14	9	7	4
纵向并购	6	10	43	14	82	15	13	8	9	7
混合并购	34	59	193	61	387	72	28	83	84	89
合　计	58	100	314	100	538	100	155	100	192	100

资料来源：威廉·格·谢佩德(1980)。

第二次世界大战后多元化企业快速增加是企业内部与外部经营环境作用的共同结果。需求市场的稳步增长促进了大量市场(Mass Market)的发展，科技的快速进步，以及更多企业掌握了现代管理技巧，这些因素叠加在一起，促进了经济的扩张，为多元化企业的发展提供了良好的机会。

这一阶段多元化发展的重要特点是非相关多元化成为主体。1960年代，企业集团(Conglomerate)开始出现和迅速扩大，并对多元化发展方向产生重大影响。在这之前的公司在执行多元化战略时，多通过内部扩张实现，注重在原有技术、营销及其他资源优势的基础上研发新产品，因而新产品也多与原来的产品有一定的关联；而企业集团完全依靠收购外部已有的企业和生产单位进行扩张，因此大多进行非相关多元化。

Rumelt(1982)虽然采用了不同于SIC代码的描述多元化程度的变

① 该数据依据1957年SIC四级行业划分标准统计得到。而Gort(1962)中企业跨行业数量是据1945年制定的SIC四级行业划分标准统计而来，两者没有直接可比性。

量，并且对多元化战略的细分不同，但其对企业实施多元化战略的统计数据仍然清楚地印证了上述趋势。表2—3是Rumelt(1982)统计的《财富》杂志美国500强企业的多元化战略分类。从中可以看出，单一业务型公司所占比重几经减少，而非相关业务型公司的比重大幅增加。

表2—3　　《财富》500强公司的战略分布　　单位：%

战略分类	1949	1954	1959	1964	1969	1974
单一业务型	42.0	34.1	22.8	21.5	14.8	14.4
纵向一体化主导	12.8	12.2	12.5	14.0	12.3	12.4
限制主导	14.2	15.0	14.4	13.6	9.2	6.2
联系—非相关主导	1.2	2.4	4.4	4.8	3.6	4.0
限制相关	16.9	22.3	28.4	24.2	21.1	19.8
联系相关	8.8	9.3	10.2	13.2	20.3	22.5
非相关业务型	4.1	4.7	7.3	8.7	18.7	20.7
合计	100.0	100.0	100.0	100.0	100.0	100.0

资料来源：Rumelt(1982)。

（四）多元化发展的反思阶段：20世纪80年代之后

各种统计数据表明，第二次世界大战后美国企业一直处于多元化进程中，直至20世纪80年代初，在经历了60年代和70年代的多元化高峰之后，很多企业发现其收益不仅没有如预期提升，反而处于逐步下降的通道中，这促使理论界和实业界对企业多元化进行更深入的研究和反思。显然，盲目的、过度的多元化有损股东利益，与此同时，20世纪80年代资本市场的发展使得资产剥离、公司业务分拆等资产重组行为日益兴盛，从而掀起了以归核化为主要特征的浪潮。归核化行为既是对以前企业过度多元化的修正，也反映了企业外部经营条件的变化对企业组织结构的影响。

Williams等(1988)研究了80家企业集团(Conglomerates)，他们发现，在1976～1979年间美国企业还在扩张自己的营业范围，1980～1984年这股多元化势头就发生了反转：这些企业集团平均控制的业务数量(Business Groups)由1976年的4.79个增加到1979年的5.04个，但从1980年开始减少，至1984年变为4.58个。Kaplan和Weisbach(1992)统计了1971～1982年完成的大型并购，发现1989年44%的被收购公司已经被重新剥离。而Porter(1987)发现，1950～1986年间33家企业集团的非相关并购有超过50%的目标公司后来被剥离。

Markides(1996)通过对1985年《财富》500强公司取样研究，亦发现20世纪80年代归核化的企业数量远远多于60年代。60年代只有1%的美国顶级企业发生归核化行为，同期25%的企业进行多元化；而80年代实施归核化的企业占到20%，实施多元化的公司只占到8%。因而自1929年之后持续了半个世纪的企业多元化趋势出现了反转。《财富》500强公司中单一化经营的公司数量显著增加，而非相关多元化公司数量在下降(见表2—4)。

表2—4　　1947～1987年《财富》500强公司战略分布　　单位：%

战略类型	1949	1959	1974	1981	1987
单一业务型	42.0	22.8	14.4	23.8	30.4
主导业务型	28.2	31.3	22.6	31.9	28.1
相关业务型	25.7	38.6	42.3	21.9	22.4
非相关业务型	4.1	7.3	20.7	22.4	19.0

资料来源：Rumelt(1974)，Markides(1996)。

注：与表2—3相对应，该处的主导业务型包括纵向一体化主导、限制主导和联系—非相关主导等子类型；相关业务型包括限制相关和联系相关等子类型；单一业务型和非相关业务型的标准与表2—3相同。

但是，1980年代之后的资产重组浪潮并不是简单的归核化就能全部涵盖的。实际上，Markides(1996)发现归核化与多元化现象并存。进行归核化的大多是那些所谓“过度多元化”(Over-diversified)的公司，而进行多元化的是那些“多元化不足”(Under-diversified)的公司。所以从净效应来看，整个经济的平均多元化程度和集中度经历了一个相对较小的变化。Villalonga(2004)和Montgomery(1994)也有相同的发现。

企业进行资产剥离去除的主要是与主业不相关的业务，而合并的多是与主业相关的业务。1981～1987年全美100强企业进行了302例与主业无关的资产剥离，其中58%属于归核化；同时发生了431例并购，其中65%与主业有关。

而在资本市场上，大量的事件研究表明投资者对企业归核化持积极态度。Markides(1996)发现，自20世纪80年代之后，归核化声明发布的当日公司市价平均上升约2%，而那些多元化程度越高、效益越差的公司宣布消息当日股价上升越多，表明市场预期多元化程度下降能提升企业利润和市场价值。Weston等(2004)总结了研究跨度为1975～1997年的多篇论文，发现事件研究均表明归核化可以提升企业价值，且非相关多元化的公司进行归核化的收益高于相关多元化公司的归核化收益。

此外，Grant 等(1988)，Hoskesson(1990)和 Markides(1996)等均发现多元化和企业业绩呈现非单调关系。当多元化程度较低时，当多元化与业绩正相关；当多元化程度较高时，两者呈负相关关系；表明企业的多元化程度有最优点(Optimal Point)，超过该点，多元化的成本就超出了收益。但由于每个公司可获得资源不同，其最优的多元化程度均不同。

因而，当时的学者对多元化的解读是：最优多元化程度是企业特征和外部环境的函数，出于代理问题等原因，许多企业超过了最优多元化程度，造成利润和市场价值的下降。由于资本市场的驱动以及对企业结构的认识加深，过度多元化的公司开始减少多元化程度，以达到均衡状态，也因此提高了利润水平和市场价值。同理，也有一些企业进行多元化以达到最优状态。这样，就出现了多元化和归核化并存的现象。

这时的研究已经开始关注资本市场对于公司多元化的反应，并在一定程度上通过反应指导公司的多元化决策。20 世纪 90 年代以后，研究者重点分析资本市场对于多元化是否创造价值，从而使多元化战略的研究进入新的阶段。

二、多元化对公司价值的影响

(一)多元化对公司价值总体影响的初步考察

早期对多元化的研究大多集中在分析多元化程度对**某时段内**公司经营业绩或股票表现的影响，以此来判断多元化是否能够提升公司价值。例如，Comment & Jarrell (1995)用多元化程度的变化来解释公司股票的收益率，发现两者呈负相关关系。这类研究方法存在以下几个问题：首先，研究结论对业绩衡量标准非常敏感，并且严重依赖于样本时间段的选择，同样的样本在不同时段内的实证结果可能不同；其次，进行业绩对比时的基准(Benchmark)有问题，以股票的业绩表现为例，需要对其进行风险调整之后才能进行互相比较，多数研究采用 CAPM 模型(甚至有一些没有)进行风险调整，而研究表明 CAPM 模型对预期收益的解释是不完全的(Fama & French, 1992)；最后，对实证结果的解读存在问题，对多元化之后的业绩衡量并不能等同于多元化决策当时的价值判断，例如，决策时认为多元化投资能够增加企业价值，但事后外部市场运营条件的变化可能使得多元化达不到预期效果(Lang & Stulz, 1994)。

Lang & Stulz (1994)和 Berger & Ofek (1995)首次采用了横截面式的研究方法,将多元化公司的价值比较基准设置为这些公司所在行业的单一化公司,对两者在**同一时点**的价值进行对比,突破了之前研究方法的局限性,在多元化与公司价值关系的研究中具有开拓性的意义。两篇论文都采用了相同的研究思路:将多元化公司视作若干个在各自行业独立运作的单一化公司的组合,把多元化公司的实际价值与单一化公司的价值总和进行比较,看多元化公司相对单一化公司组合的价值是更高(溢价)还是更低(折价),但两者对公司价值的衡量存在差异。

Lang & Stulz(1994)采用 Tobin's Q 值衡量公司价值。Tobin's Q 值等于公司的市场价值与重置价值之比。当多元化公司的 Tobin's Q 值高于模拟的单一化组合时,表明多元化策略能够为公司增加更多的价值,称为多元化溢价;反之称为多元化折价。如果未能发现多元化溢价,那么多元化公司具备从特定的有形资产中获得更多现金流的能力的假设就不成立。Lang & Stulz(1994)衡量企业相对价值的指标为 $q - \sum_i \alpha_i q_i$,其中 q 为公司的 Tobin's Q 值,计算式后面一项被称为公司的经行业调整的 q(industry-adjusted Tobin's Q),即单一化公司组合的模拟 q 值;其中,α_i 为加权平均系数,是行业 i 的重置成本在整个公司重置成本中所占权重(Replacement Cost-weighted);q_i 为各分行业 q 值,取在分行业中进行单一化经营的公司 Tobin's Q 值的中位数。

类似地,Berger & Ofek(1995)采用了相对价值 EV(Excess Value)度量多元化公司的价值:

$$\boldsymbol{EV} = \ln(\boldsymbol{MV}) - \ln\sum_{i=1}^{n}\boldsymbol{S_i M_i} \qquad (2-1)$$

其中,MV 为公司的实际市场价值,等于公司股票市场价值与债务账面价值之和;S_i 为该公司在某行业 i 的销售收入;M_i 是分行业 i 中的所有单一化公司的市场价值与销售收入比值的中位数。式(2—1)右面第二项中 $\sum_{i=1}^{n} S_i M_i$ 被称为多元化公司的推算价值(Imputed Value),即将多元化公司各部分(Segment)视作独立运营的单一化企业应该具备的价值。EV 大于 0,表明多元化溢价;反之,则表明多元化折价。除了上述采用分行业的销售收入为权重计算公司的推算价值和相对价值之外,还可以采用分行业的资产或者 EBIT(息税前收益)为权重计算多元化公司的推算价值和相对价值。

Tobin's Q 值和相对价值 EV 的应用都借助于公司的市场价值,这隐含了一个重要的假设前提，即市场是有效的。无论多元化包含多少种正面和负面的因素，都反映在市场价值中。由于两种度量方法简单有效，且可以利用行业数据探究造成多元化折价（溢价）的公司运营方面的原因，所以在之后的研究中均得到了广泛借鉴。

Lang & Stulz (1994) 和 Berger & Ofek (1995)发现了多元化公司相对单一化公司存在折价，之后几年的多数研究(Lins & Servaes, 1999, 2002; Denis 等, 2002; Fauver, 2004)也有相同的实证结果。这样的结果被诠释为多元化公司内部相比单一化公司存在更严重的代理问题，因而多元化经营有损公司价值。然而，随着自选择问题的提出，人们对之前研究方法提出疑问，指出多元化是公司基于自身特点的选择，即具有某些特质的公司更倾向于选择多元化经营，而这些相同的特质造成公司的价值相对偏低，因而不能简单地从多元化折价现象推出多元化本身有损公司价值的结论。自选择问题的提出对于之后多元化的研究产生了很大的影响。

（二）多元化的自选择问题及其影响

前述将某时点多元化公司与单一化公司组合的价值进行直接比较，其中隐含的假设是两类公司同质，即多元化公司与单一化公司能力相同，并且面临相同的投资机会。这里有两个问题：第一，实证结果发现，多元化公司与单一化公司在很多公司特性上有差异，这些差异可能影响公司相对价值大小；第二，公司选择进行多元化投资不是随机的，是公司基于自身掌握的信息做出的选择，而这些信息是研究者无法从公司外部观察到的。因而多元化决策可能存在自选择问题。

多元化研究的假设是公司 i 在 t 年的相对价值 EV_{it} 是一系列公司控制变量 X_{it} 与度量公司多元化与否的变量 DD_{it} 的线性函数：

$$\boldsymbol{EV_{it} = \delta_0 + \delta_1 DD_{it} + \delta_2 X_{it} + e_{it}} \tag{2-2}$$

其中，公司多元化则 DD_{it} 取 1，否则取 0；X_{it} 是控制变量；δ_1, δ_2 是系数。通过线性回归对 δ_1 作出无偏估计的必要条件是 DD_{it} 与随机误差项 e_{it} 之间相互独立。Berger & Ofek (1995)以及其他早期研究都假设该条件成立，公司的多元化与否是外生变量。但是，如果多元化与否的决策取决于公司的一系列特征变量 w_{it} 和随机误差项 u_{it}；特别地，有：

当 $\lambda w_{it} + u_{it} > 0$ 时，$DD_{it} = 1$；

当 $\lambda w_{it} + u_{it} < 0$ 时，$DD_{it} = 0$。

那么，对相对价值 EV_{it} 和 DD_{it} 有影响的变量在式(2－2)中被省略了，式

(2—2)中对系数 δ_1 的估计就会产生偏差。

实际上,Lang & Stulz (1994)已经发现样本公司在多元化之前 Tobin's Q 值比单一化公司低,部分地导致了公司在多元化之后的折价现象,但并没有对此做进一步的分析。Campa & Kedia (2002),Graham, Lemmon & Wolf(2002),Villalonga(2004)等对自选择问题进行了深入的讨论。其中,Graham, Lemmon & Wolf(2002)提供了自选择现象存在的直接证据:公司实现多元化的途径多为并购,而他们发现研究样本中通过并购实现多元化的公司大约有一半的折价归因于买入折价企业,所以建立在单一化和多元化公司同质的假设基础上的实证研究夸大了多元化折价的幅度。Campa & Kedia (2002)提出,公司进行多元化是权衡利弊后自我选择的结果,促使公司选择多元化的特质同时也可能导致公司价值偏低,因而多元化价值研究必须考虑公司自选择的影响。

为了纠正多元化自选择问题对研究结论带来的偏差,学者们普遍采用金融计量方法控制多元化决策的内生性,应用的方法包括 Heckman 两阶段法(Heckman Model)、匹配法(Matching Model)、固定效应法(Fixed Effect Model)、工具变量法(Instrument Variable)等。在采用固定效应、工具变量、Heckman 两阶段法等多种金融计量方法控制自选择问题后,Campa & Kedia (2002)的研究证明之前 Berger & Ofek(1995)实证中发现的多元化折价幅度显著降低,在应用某些计量方法后甚至发现了溢价。Villalonga(2004)运用了匹配法和 Heckman 两阶段法控制自选择问题,未发现多元化损毁企业价值的证据。

然而需要指出的是,用金融计量方法控制自选择并非完善,由于每一种计量方法的应用都有一定的经济学和统计学上的假设,很多情况下这些严格的假设前提难以满足,所以实际应用时都在一定程度上放松了这些假设条件,从而对研究结论会产生一定影响。例如,实证研究中应用面板数据(Panel Data)分析多元化对公司价值的影响时,为了控制自选择问题,在处理这些面板数据时,经常采用公司固定效应法(Firm Fixed Effects),这种方法假定观察不到的企业特性是不随时间变化的,这样就可以去除这些企业特性的影响;因而固定效应方法不是为捕捉随时间变化的变量和与事件相关的变量而设计的。但在研究公司多元化或者归核化时,公司却往往面临行业冲击(Industry Shock)的情况,无法观察的公司特性发生了较大变化,并对公司的行业投资策略会产生影响,这样企业面临的实际情况与使用固定效应方法的假设存在差异(Li & Prabhala, 2007)。类似地,其他方法也往往面临着假设不符合公司实践的情况。因而,用金融计量方法处理自选择问题时存在一定的局限性,对其结果的解读并不能完全得到关于多元化对价值影响的准确结论。

(三)对多元化折价的再研究

由于自选择问题对多元化研究的结论可能产生实质性影响，最近十多年里的多元化实证研究都比较注意控制自选择问题。研究不乏否定多元化折价的结论，除了上述 Campa & Kedia (2002)，Villalonga(2004)外，Freund 等(2007)通过对进行海外多元化并购的美国企业的考察，发现用 Tobin's Q 值衡量投资机会，Q 值低的企业价值增长超过 Q 值高的企业，表明企业通过多元化进入机会更多的行业，增加了企业价值。Bae，Kwon & Lee(2011) 以韩国企业集团为研究对象，证明非相关多元化损毁公司价值，而相关多元化无此现象，大的企业集团相关多元化呈无折价或弱溢价，支持了内部资本市场协同效应的存在。

但仍有大量实证研究支持多元化折价现象。Laeven & Levine (2007)发现多元化金融企业相比单一化金融企业存在折价，并认为其原因在于代理问题引发的成本高出范围经济带来的收益。而 Schmid & Walter(2009)发现美国多元化金融企业中，以证券、银行和保险为主业的多元化企业持续地折价，但以投行为主业的公司没有发现折价现象；文章认为是多元化导致价值减损，而不是低效益公司通过多元化进入前景更好的行业。Stowe，& Xing (2006)也发现了多元化公司的折价现象，并检查了公司的投资机会是否能解释多元化折价，文章发现多元化公司各部门的成长机会与相应单一化公司相比确实更少，但控制了成长机会的差异后，多元化公司仍然存在折价现象。

还有研究认为多元化究竟是溢价还是折价与行业特性紧密相关。Santalo & Becerra(2008)提出，多元化经营策略可能在某些行业具备竞争优势，因而不同行业中多元化的影响不尽相同；他们发现，在单一化企业数量密集或市场占有率很高的行业内进行多元化会损毁公司价值，而在由多元化企业主导的行业内进行多元化能为企业创造价值。

总体来看，到目前为止，关于多元化对公司价值的影响没有一致性结论，但多元化折价得到了多数学者的支持。对该问题的讨论还会继续下去。

三、从公司经营层面分析多元化对公司价值的影响

虽然多元化对公司价值的总体影响没有定论，但研究表明，多元化对

公司价值的影响是多方面的，有正向的作用，也有负向的作用，究竟是哪方面作用占主导与公司内、外部运营环境都有密切关系。在公司经营层面分析多元化成因和价值影响的文献数量众多，本研究依据其理论基础大致分为内部资本市场理论、代理理论和内生性理论三部分，每一部分理论内部各模型的假设和具体结论都存在一定的差别。

（一）内部资本市场理论

内部资本市场（Internal Capital Market）理论是解释多元化正面效应的最重要的理论，这一理论从资源配置的角度出发，认为多元化公司通过内部资本调配，可以在整个公司（或企业集团）内部更有效率地分配使用资源，这也是公司选择进行多元化决策的动因。Stein（1997）是内部资本市场理论的一篇重要文献，探讨了两个方面的问题：内部资本市场存在的合理性；以及内部资本市场的理想规模和范围（Size & Scope）。

1. Stein（1997）的内部资本市场理论

早期学者根据多元化折价的实证结果提出：管理层由于自身利益的需求，努力建立企业帝国，扩大企业规模和经营范围，多元化公司是典型的代理问题。而 Stein（1997）指出，这种管理层的利己行为在客观上与股东的利益是有一致性的。

内部资本市场的作用建立在两个重要前提上：其一是公司面临融资约束，不是所有项目都能获得足够的资金。由于公司内部人私有利益（Private Benefit）的存在，且私有利益的大小与内部人掌握资源的数量成正比，内部人倾向于夸大投资前景，尽可能多地从外部融资。而外部人出于信息不对称的考虑，在进行投资时会有所保留，控制投入规模以控制风险，公司因而面临融资约束的局面。其二是公司总部有动机、有能力在企业内部重新配置资源。总部私有利益的大小与公司总体的现金流状况成正比，这样，当面临融资约束时，出于自身利益考虑，公司将所有项目进行优劣排序，将资源配置到更优的环节，为公司创造价值，从而与股东利益一致。公司总部的私有利益与公司整体利润相关性越高，总部进行项目优选的动机越强。即使多元化公司没有从外部获得更多的资金，也可以通过资金的重新分配而提升整个公司的价值。

Stein（1997）接着分别论述了多元化公司最优规模和范围的问题。随着规模扩大，公司经营同时受到了正、反两方面的影响。一方面，总部将更多的资金从差的项目转移到好项目，从而增加了企业价值；同时，由于各项目的收益不是完全正相关，公司收益的稳定性得以增强，公司整体风险下降，对外借贷能力增强。但另一方面，随着企业规模增大，层级的增加，以及所涉行业的增加，总部对项目的识别效率在不断下降。所以，当内部资本市场带来的边际正向收益等于辨识带来的边际成本时，公司达到了它的最优规模。

在公司经营范围（即多元化程度）方面，Stein（1997）认为，内部资本市场的资金分配其实就是对各项目进行相对排序，各项目间的相关性越强，预测发生同向性错误的概率越大，相对排序出现错误的概率越小。因此，相关多元化是优于非相关多元化的。

Stein（1997）最后还讨论了一个重要问题：内部资本市场在什么情况下最有效？当外部资本市场的发展非常不完善，融资约束的情况较严重时，内部资本市场的存在能保证资金分配到相对高效的环节上。这样的不完善包括：会计和审计系统较初级，无法对经理层的利己行为进行有效监督；法制有待完善，对外部投资人的保护较弱；等等。当外部资本市场足够发达时，内部资本市场的正面效应降低，多元化公司才可能通过归核化回归单一行业经营。

2. 关于内部资本市场理论的进一步研究

虽然有学者提出内部资本市场在发达市场是无效的，但很多学者支持新兴市场中内部资本市场理论的适用性。Khanna & Palepu（1997，2000）论述了新兴市场中企业内部资本市场对外部市场的替代性，该文认为，不同市场环境下，企业的最优结构可能是不同的。他们进一步指出：在新兴市场上，由于产品市场、资本市场、劳动力市场等外部市场环境发育不完善，企业集团的内部市场充当了外部市场的有效替代，降低了企业从外部市场获取各种资源的成本，因而可能给企业创造价值。但另一方面，由于信息不对称和公司治理薄弱，多元化也会带来更多负面效应。内部市场最终能否发挥正向作用，是一个实证性的问题，要看企业经营的具体情况。值得注意的是，Khanna & Palepu（2000）虽然发现印度企业集团的多元化溢价，却没有发现内部资本市场有效配置资金的证据，因而将这种溢价归因于集团在产品市场、劳动力市场的协同效应。

Almeida & Wolfenzon（2006）进一步发展了内部资本市场的研究，该文在整体经济均衡的框架下，分析企业集团的内部资本市场与外部资本市场间的关系。论文的模型表明：有效的内部资本市场对企业集团有利，但对整个社会的资源配置可能不利，因为经济总量中企业集团的比例越大，其他企业可获得的资金就越少，这样，某些条件下，内部资本市场的存在可能造成整个社会效率上的损失，因而企业集团的存在有负面的外部性（Externality）。

Almeida & Wolfenzon(2006)的模型还论证了外部资本市场对内部资本市场的影响:当外部资本市场对投资者的保护处于低水平时,即使效益高的项目在融资方面也存在一定的困难,而内部资本市场能够提高资金配置效率,因此内部资本市场的正面效应超过负面效应;反之,当外部资本市场对投资者保护强有力时,整个社会资金按效率分配,内部资本市场对资金配置的影响较小;而当外部资本市场对投资者的保护处于中等水平时,企业集团的负面效应最大。这篇论文对于对比在不同发达程度的市场上多元化对公司价值的影响有较大启发。

之前关于内部资本市场的模型大多在局部均衡的框架下关注企业集团本身,很少将其放在一个更大的均衡状态中,未考虑内部市场与外部资本市场的相互作用。Almeida & Wolfenzon(2006)的研究弥补了这一缺陷,指出了内部资本市场的外部性。该观点与之前 Shin & Park (1999)对韩国企业集团的实证研究结论相一致。Almeida & Wolfenzon(2006)的模型预测:当金融市场达到一定发达程度后,企业集团的减少能够使得资本市场上高效率项目得到资金的可能性增加,有利于经济发展。

3. 内部资本市场理论的实证研究

实证研究发现很多支持内部资本市场理论的证据。Dimitrov & Tice(2006)研究了经济衰退期的公司数据,分析对资金需求度不同的单一化公司和多元化公司在经营行为上的差异。他们发现,在有融资约束的同等情况下,单一化公司比多元化公司的销售增长率下降得更快,同时存货增长率下降得更快;而在无融资约束的情况下,单一化公司和多元化公司行为无明显差异。文章证明了多元化公司由于经营分散化而降低了风险,因而可以获得更多外部融资(More Money Effect)。

Yan (2006)考察了外部市场条件的变化对于多元化公司价值的影响。研究发现,在外部市场条件不断完善,以及外部融资成本相对下降时,多元化公司的相对价值会不断减少;而在外部融资较为紧张时,多元化公司的相对价值有所提升。与此相对比,无融资约束的企业则无此现象。该实证提供了支持内部资本市场理论的证据,即当外部融资成本较高时,内部资本市场是对外部市场的有效替代,因而多元化可以为企业创造价值。

还有一部分实证深入到多元化公司内部,通过研究部门间资金的流动,检验内部资本市场是否有效,但没有一致性结论。Billet & Mauer (2003)检查了集团内某个部门与其他部门的资金往来情况,他们发现当资金流向集团内存在融资约束但拥有较好投资机会的部门时,这种资金转移提高了公司价值;当资金从拥有良好投资机会的部门流出时,公司相对价值显著降低;而当没有融资约束的部门获得有效资金时,公司价值没有变化。文章证明内部资本市场的最重要价值就在于有效缓解了公司的融资约束。

Doukas & Kan (2008)分析了进行过并购活动的多元化企业在并购前后内部资本市场的运作,他们研究通过并购发生的多元化程度改变,以及这种改变是否与企业价值及投资决策的改变有关。他们认为,当核心部门的现金流状况(或成长性)比非核心部门差时,公司倾向于多元化投资(非相关并购);当核心部门现金状况(或成长性)非常好时,公司倾向于对核心部门进行再投资(相关并购),并购前的证据表明公司的资金配置符合效率原则。进一步,实行了多元化并购的公司持续将资金从效益差的核心行业调配到效益好的非核心行业;而针对未进行多元化并购的公司的相关研究则发现了资金的无效配置,表明内部资本市场并不是完全有效。

(二)多元化的代理理论

很多学者从委托代理理论出发解释多元化折价的实证检验结果,他们认为多元化是公司治理失败的产物,多元化折价现象是因为公司进行了低效率的投资,造成这种低效投资的原因有二:一是过度投资,即公司投资的规模和范围超出了合理界限;二是部门间补贴,即企业内部相对外部资本市场进行了低效的资源配置,把过多的资金投入到效益差的项目,而对效益好的项目投入不足。在后来的研究中,学者们利用一般代理理论用来解释过度投资现象,而内部代理人权力斗争理论则被用来解释部门间补贴现象。

1. 一般代理理论

一般代理理论认为,多元化虽然损毁股东的利益,但却可以为管理层带来私有利益,增加自身效用,因而管理层要尽量扩大企业的规模和经营范围。管理层可以通过多元化分散自身面临风险(May, 1995);获得更高的社会地位和特权(Jensen, 1986; Stulz, 1990);可以从多元化公司处更方便地撇脂(Skimming) (Bertrand & Mullainathan, 2001);掌管多元化公司的经历可以提高经理人的职业前景(Gibbons & Murphy, 1992);也使得现有经理人更难被替代(Shleifer & Vishny, 1989)。

上述关于代理问题的研究存在一定的问题:这些研究都是在局部均衡的框架下进行,把董事会对管理层的激励看作是既定的外生变量,而没有考虑董事会在激励的成本与收益之间的权衡,所以得到的结论不完全,

甚至可能有一定的误导性。例如，既然多元化有损企业价值，董事会为什么不设立某种机制，以杜绝多元化现象？

Aggarwal & Samwick(2003)在建立全面均衡的模型方面做了有益尝试，他们提出了优化合约理论(Optimal Contracting)，将激励看作是内生变量，将分散风险与获得私有利益的多元化好处纳入到单一模型中，得到了当一系列外生变量(管理层风险厌恶、获得私有利益的能力、公司特定风险，以及管理层努力工作付出的效用成本)变化时管理层激励、多元化和公司价值之间的均衡关系。在他们的模型中，管理层获得的报酬是：

$$\omega=\omega_0+\alpha\pi+\gamma n \qquad (2-3)$$

其中，π 是公司价值，n 是多元化程度；而公司价值则是：

$$\pi=X-n+\varepsilon(n) \qquad (2-4)$$

X 是管理层付出劳动，$\varepsilon(n)$是残差项，服从均值为 0、方差为 σ^2/n 的正态分布。

T_0时刻，董事会选择 α 和 γ；T_1时刻，管理层或 CEO 选择多元化程度 n 和付出努力 X；T_2时刻，公司价值 π 被实现，管理层获得基于 π 和 n 之上的报酬。董事会选择的 α 和 γ 是最大化扣除管理层报酬之后的公司价值的均衡值，管理层选择的 X 和 n 是最大化自身效用函数的均衡值。

该均衡模型得到了与过去研究不一致的一些结论。例如，当经理层的私有利益上升时，以往的研究认为提高经理层收入以减少其多元化的动机是最优选择，而在 Aggarwal & Samwick(2003)的内部均衡中，报酬的上升可能不足以完全抵消多元化带来的私有利益的上升，所以，会发生公司多元化程度和管理层报酬同时上升的现象。但这种正相关关系不表明两者之间的因果关系。

一般代理理论虽然可以比较好地解释过度投资现象，但无法解释公司内部资源的低效配置问题。因而在解释多元化现象时是不完善的。

2. 内部代理人权力斗争理论

Stein(1997)的内部资本市场理论只考虑了公司外部投资人和公司总部之间的代理关系，其假设是总部充分了解下属分部门的信息，并对后者有绝对的控制权，这样就能保证资金流向投资机会最好的部门；但部分实证发现资金流向对投资机会并不敏感，存在大量资金流向效益不好的项目的现象，且部门间效益差距越大，这样的补贴现象就越严重。为了解释内部资本市场失灵的现象，一些学者从代理理论出发，考虑公司内部代理人之间的斗争，认为多元化公司的投资决策是公司内部不同部门、不同层级的利益群体相互制衡的结果。这就是内部代理人权力斗争理论。

Scharfstein & Stein(2000)深入企业内部，试图从各分部门的经理人的动机和行为中找到部门间补贴现象的原因。文章建立了一个两层级的代理模型,CEO是外部投资人的代理人,分部门经理是CEO在该部门的代理人,分部门经理从事两类活动:生产和寻租,寻租行为使得部门经理在与CEO续签合约时谈判能力增强。业绩较差部门的经理因为机会成本相对较小,愿意花费更多时间和精力在寻租行为上,但寻租行为本身并不必然引起非有效的投资活动,为了挽留较差的部门经理以避免更换经理人引发的成本,CEO完全可以给差的经理多一些现金补偿。但实际情况却可能是CEO用投资支出代替现金进行补偿,引发了所谓的"好的部门补贴差的部门"的现象。而这正是由CEO和投资人之间的代理关系引起的:外部投资人对整体资本预算转化为有形资产有较强监督能力,但怎样分配资本预算的决定权在CEO手中。如果CEO只能分配到投资收益的一小部分,而能从现金中获得较大的私有利益,CEO出于最大化自身效用的目的,会用投资机会取代现金(较高薪水),补偿给差的部门经理。因而可能出现部门间补贴的现象。

Scharfstein & Stein(2000)的理论模型揭示了有些部门经理为什么能够获得额外的资本配置,同时也说明了资源在部门间流动的方向,以及什么情况下最易发生"部门间补贴":当各分部门的生产效率相差较大,且CEO的报酬与业绩挂钩较小时,部门间补贴就很可能会发生。

不同于Scharfstein & Stein(2000),Rajan, Servaes and Zingales(2000)从公司内部权力分配出发研究部门间补贴的现象。模型假设公司总部对分部门的权力有限,总部可以事先分配资源,但对将来剩余的分配没有发言权;部门之间就剩余的分配谈判并达成协议;各部门的投资决策会直接影响到它们在剩余分配中的发言权。因此,投资决策权及剩余索取权在公司内部的分布成为关注的核心。

经理对部门内投资有自主选择权,他们的选择是利己的。模型假设资源可以投入到有效投资和防御投资两类项目中,前者可以最大化投资回报,但必须与其他部门分享剩余;后者回报相对较低,但可以更好地保障剩余留在本部门。这样会造成如下结果:当各部门的剩余额相差不大时,部门经理期望从其他部门分配到的剩余与本部门让渡出的剩余相差不大,就会选择有效投资,从而增加企业价值;当部门间的资源和投资机会相差较大时,部门经理选择防御投资的激励更大,企业价值可能因此而减损。

虽然公司总部不能决定事后的剩余分配,但有权决定事前的资金分配。总部意图通过事前投资额的分配影响部门经理对剩余分配的预期,从而影响他们的投资决策。总部在预期各部门都将选择防御性投资的前提下，将资金分配给规模小、机会不好的部门，以试图平衡各部门的剩余，提高经理选择有效投资的激励，从而提高公司整体效率。各部门间的资源和投资机会差距越大，进行这种扭曲分配的需要越大。资金向机会差的部门流动，是总部基于限制条件的理性的次优选择。当部门间差距过大时，扭曲资金分配的成本高于其所能得到的收益，总部又会把资源投入到效率更高的部门去。如果各部门剩余相差不大，总部有可能按照 Stein（1997）描述的那样，将资本分配给投资机会更好的部门，就是有效的内部资本市场。

Rajan, Servaes and Zingales（2000）的研究还利用 Compustat 数据库 1980～1993 年的多元化公司数据进行了实证检验，表明其理论比有效内部资本市场理论能更好地预测企业内部资本的流向。

Scharfstein & Stein（2000）模型与 Rajan，Servaes and Zingales（2000）模型存在一个很大的不同：后者认为投资决策是委托人直接做出的，委托人有意向效益差的部门配置更多资源，是为了换取较差部门与公司其他部门间的合作，资本的低效率配置是委托人的理性选择；而前者强调的是 CEO 与投资人之间利益的不一致引发了 CEO 配置资源的低效率。

之后对行业补贴现象的讨论仍在继续，虽然之后理论的经济学基础仍然是代理理论和非对称信息理论，但模型的假设条件进一步合理化，对部门补贴做出的解释也与之前不同。Bernardo 等（2006）的两层级模型引入了关于部门经理激励合同的假定，假设公司可以与部门经理之间签订基于部门现金流的激励合约，但发现合约的激励效果在拥有高质量项目的部门减弱，导致经理的努力减弱；企业在权衡项目收益和激励合同引发的成本后，仍然可能不选择最优质量的项目；且项目间投资机会差异越大，行业补贴可能越严重；对经理的监督越弱，部门间补贴越严重；只有当好的项目与差的项目的收益拉开很大差距后，补贴现象才会消失。

3. 代理理论的实证

到目前为止，对代理理论的大部分实证研究围绕代理问题的严重程度对公司多元化程度和相对价值的影响展开，实证结果表明对管理层的约束激励幅度与多元化公司价值呈正向关系。Jiraporn 等（2006）检验股东权利大小对公司多元化程度及多元化相对价值的影响，发现公司章程中对股东权利约束越大的公司实行多元化的倾向性越大，而股东权利受限幅度与多元化折价幅度呈正向关系，论文因此认为公司治理条款对股东权利的限制有利于经理层实施对投资人利益有损害的多元化政策。Nam 等（2006）在证明了多元化公司价值低于单一化企业后，对比了股票激励合同对单一化公司和多元化公司相对价值的影响，发现股票激励合约可以提高企业价值，并且对多元化企业价值的提升作用大于单一化企业，其原因在于股票激励合约减少了股东与管理层之间的代理问题，因而合约对代理成本更高的多元化公司的正向作用更大。

Hoechle 等(2012)在讨论多元化折价是否可以部分归因于公司治理问题时，从多个角度选择指标全面衡量公司治理水平，他们发现在面板数据回归中加入这些公司治理指标可以在一定程度上减小折价幅度，在进一步控制了多元化和公司治理的内生性后，多元化折价大幅减少，甚至消失。实证表明公司治理水平可以在很大程度上解释多元化折价现象。

4. 代理理论研究存在的问题

从代理问题的角度解释多元化折价虽然在理论上较有吸引力，但仍存在一定的问题。一方面，迄今为止的模型均建立在局部均衡的基础上，没有把企业放到外部市场的环境中考查。根据 Maksimovic & Phillips (2001)，存在着一个规模巨大的资本交易市场，而多元化公司(企业集团)是这个市场重要的参与者，因而从理论上讲，公司可以选择出售低效率部门，购入效率相匹配的部门，减少资源配置扭曲的程度。例如，如果各行业差异较大引发了部门间补贴，为什么不通过外部资本市场出售低效益的部门，做到既享受多元化带来的好处，又避免企业因多元化价值下降?因而该理论还需进一步完善和检验。

另一方面，在实证中，由于管理层的动机难以量化，管理层之间的互动也无法从外部观察到，权力斗争理论的直接证实有一定的难度，因此出现了针对同一现象有多种理论解释的情况。

(三)多元化的内生性理论

随着对自选择问题的深入研究，人们意识到，多元化公司的长期存在必然有其合理性，对多元化折价的解读不止于有损公司价值这么简单。一些研究在新古典经济学的框架下，以企业价值最大化为出发点，探究公司多元化的原因及其价值影响。这一类研究认为，多元化与单一化公司存在投资机会等诸多方面的差异，而公司对多元化还是单一化的选择，是基于公司经营环境和所在行业特点等条件做出的，当公司在现有行业利润率下降时，出于利润最大化考虑，公司将现金流投入到利润率高的新行业，从而形成了多元化经营的架构。我们把这类模型和解释统称为内生性理论。内生性理论的模型有几个共同点：一是以动态的视角看待多元化问题；二是建立新古典经济学模型分析问题；三是认为多元化是企业基于自身特点的理性选择；四是认为多元化折价并不表明多元化决策本身有损生产效率或公司价值。

1. Matsasuka(2001)的组织能力模型

Matsasuka(2001)通过建立多元化的匹配模型(Matching/Search Model),将多元化看作一个围绕组织能力进行的动态过程,从时间序列的角度来理解多元化的发生。Chandler(1990)认为,组织能力(Organizational Competencies)包括实物设备以及雇员的技能,尤其是中高级管理人员的能力,如营销技巧、配送技巧、产品研发技术、组织技巧等。不同的公司拥有不同的组织能力,这种组织能力是可以在行业间转移的。当公司在某行业销售下降、退出经营并不是最佳选择时,公司通常会寻找其他利润增长点。这是个寻求自身组织能力与新行业匹配的过程,充满不确定性,因而公司的最优选择是多元化经营:进入新领域并观察经营结果。如果匹配的效果好,公司可能退出原有行业,完全进入到新行业中;如果公司组织能力与新行业不匹配,多元化公司会出现折价现象。事实上,如果匹配不理想,很多多元化尝试会被中途放弃。这一模型解释了多元化折价与多元化声明正向效应并存的现象:这是因为公司发布的多元化声明表明该公司不会立即面临清算,依然有能力经营下去,因而在市场上会引发正向的效果。

Matsasuka(2001)提供给我们一个新的视角去理解多元化:多元化是公司将自身组织能力与新行业进行匹配尝试的动态过程,多元化折价是公司在追求价值最大化的过程中引发的,是公司经营不善引发了多元化,而不是多元化引发了公司经营不善。这与代理理论的观点截然相反。

在论及与其他多元化理论的关系时,Matsasuka(2001)认为,寻找相匹配的新行业可能只是公司走向多元化的原因之一,与其他的理由并不相互排斥,管理层可以为了公司的生存寻找更优的匹配,从而延续自己对公司的控制权,因而仅靠该模型不足以完整诠释多元化与企业价值的关系。

2. Maksimovic & Phillips(2002)的新古典模型

Maksimovic & Phillips(2002)是内生性理论的又一篇重要的论文。文章假设股东对管理层有完全控制权,即在不考虑代理问题的前提下,建立了企业以利润最大化为目标的新古典模型,讨论了多元化投资决策、各分行业规模、多元化路径等问题与企业内、外部特点(包括企业竞争力特点、企业在行业内相对竞争地位以及行业基本面变化)之间的关系。文章发现,多元化公司在行业周期内配置资源及应对行业变化的行为与单一化企业是不同的,多元化公司的投资也符合利润最大化的要求,公司的折价是由于公司的生产效率和能力与单一化公司不同,是公司自身特点决定的，是内生的。论文的模型表明，生产效率不同的公司面对相同的行业条件变化，做出的选择是不同的，即多元化公司与单一化公司是不同质的，因此将两者直接比较的做法存在问题。

在 Maksimovic & Phillips(2002)的模型中，企业根据利润最大化原则决定在每个行业的投资，企业的生产遵循边际效益递减(Diseconomies of Scale)的规律，即随着产出的增加，边际成本上升。企业可以在外部市场买入或卖出生产要素，产品的价格及要素的价格是由市场决定的。企业在不同的行业可能有不同的组织能力，在能力强的行业其产出效率也高。通过对利润函数简单的最大化，Maksimovic & Phillips(2002)发现，如果企业在某个行业的生产效率远高于其他他行业，那么企业的最优选择是单一化经营；如果企业在多个行业的生产效率差别不大，那么多元化是最优选择。换句话说，如果企业的能力行业特性很强，那么比较适合单一化经营；如果其能力的通用性较强，企业倾向于多元化。而多元化公司核心行业比其边缘行业的生产效率高。

Maksimovic & Phillips(2002)进一步分析了行业条件变化(主要指产品需求变化和生产要素价格的变化)对企业在本行业及其他行业的投资及生产规模的影响。如果市场对生产效率高的行业的需求上升，产品价格变动带来的收益增加超过生产要素成本的上升，多元化公司有动力将资源集中投入到该行业中；同样情况下，如果行业生产要素的供应弹性不足，要素价格上升明显，处于临界状态的多元化公司(Marginal Producer)会出售在该行业的要素，将资源转移到其他行业。在多元化企业中，部门生产效率越高，其所在行业的变动对其他部门的投资和规模影响就越大。

Maksimovic & Phillips(2002)有关相对生产效率的预测可以检测企业是否依照利润最大化原则在内部各部门有效分配资源，即内部资本市场是否有效，这与“部门间补贴”的现象与解释是直接对立的。但模型不能直接检验企业是否因存在私有利益而过度投资的问题。

Gomes & Livdan(2004)的另一篇关于多元化的新古典模型的论文，在思想上与 Maksimovic & Phillips(2002)比较接近。论文说明，随着公司的规模增加，其收益递减，最后将导致公司寻找新的利润增长点。公司多元化一方面是为了追求协同效应(Synergy)，另一方面是为了探寻更好的投资机会：一个成熟的、增长缓慢的公司可以通过多元化寻找到新机会。该模型在新古典理论、多元化折价现象以及多元化企业生产效率的实证间搭建起一座桥梁，指出尽管多元化是最大化企业价值的选择，而且多元化公司的生产效率并不比单一化公司低，多元化公司扩张后仍然会经历一个生产效率的下降。公司折价可以部分归因于企业规模等特性，是多元化的内生性结果。

3. 相关实证

Maksimovic & Phillips(2002)的论文针对其模型进行了实证检验，他们有三个发现：第一，单一化公司比同规模的多元化公司效率高，公司规模和生产效率成正比。作者认为，公司多元化的原因是他们在主要行业已经达到最优规模，需要转移到第二个行业寻找更好的机会；而单一化公司在主要行业生产效率很高，会不断在该行业进行扩张提高，市场对单一化公司给予更高的估值。因而，多元化折价并不一定表明公司存在代理问题，而可能只是反映了不同公司组织和管理能力的差异。尽管有多元化折价的存在，公司仍然可能通过多元化决策追求利润最大化。第二，在多元化公司中，处于大规模行业的工厂比处于小规模行业的工厂生产效率高，这符合各行业扩张至边际报酬相等的利润最大化模型。

此外，Maksimovic & Phillips(2002)检查了在经历行业条件变化时多元化公司和单一化公司的增长速度和投资行为，发现多元化公司的资源配置是有效率的：当多元化公司中某高效率行业正在经历正向增长(Positive Shock)而其他行业正在经历负增长时，公司会投资该正向增长行业。因而，即使没有代理问题，多元化公司某行业的需求变动也会影响到公司在其他行业的投资，而资源的流向与代理模型预测的“行业间补贴”的流向不同。

Maksimovic & Phillips(2008)检查了行业长期条件的变化对单一化公司和多元化公司的投资行为的影响，发现多元化公司在增长性行业中借助并购扩张更明显，且其扩张受到了内部资本市场的支持，被收购的工厂生产效率有提高。该实证结果支持 Maksimovic & Phillips(2002)的新古典模型和内部资本市场理论，不支持代理模型。

而 Borghesi 等(2007)的实证研究支持 Matsasuka(2001)的观点。文章发现多元化策略对新兴公司和成熟公司的影响不同，新兴的多元化公司与同年龄的单一化公司相比折价幅度最大，因为多元化策略意味着新兴公司放弃在现有行业的投资项目，机会成本过高；而成熟公司，尤其是在萧条行业的成熟公司可以从多元化中获得更多好处，这些公司在原有行业的利润下降，投资机会减少，多元化使这些公司将生产能力转移到新的行业，并且公司的生存概率也大大提高。

四、从市场投资者角度分析多元化对公司价值的影响

近年来，一些学者着眼于分析多元化公司证券的市场表现，从投资人风险和回报的关系角度出发解释多元化折价，拓宽了对多元化与公司价值关系的研究视角。从风险报酬角度解读多元化与企业价值的关系有其合理性：一方面，公司价值多用 Tobin's Q 值或相对价值 EV 衡量，而公司价值的计算依赖于证券市场价格；另一方面，多元化对公司盈利和风险状况产生影响，必然反映到公司证券价格的波动上。

最早提出从风险报酬角度解释多元化的是 Lamont & Polk(2001)。该文指出，资产的价值是未来现金流的贴现，因此由未来现金流（或未来预期现金流）和要求的回报率（或预期回报率）共同决定，企业价值的决定也是如此。但多元化研究绝大多数都集中在分析多元化公司与单一化公司的现金流差异上，其隐含的假设前提是多元化公司与单一化公司要求的回报率相同，这个前提显然存在问题。Lamont & Polk(2001)证明了多元化公司与单一化公司的回报率存在系统性差异，而这种差异与公司相对价值的差异存在相关性。多元化折价不仅是现金流问题，同时也受预期回报率的影响。

Lamont & Polk(2001)的预期回报率的思想为多元化研究的进一步深入奠定了基础。但在此之后的很长时间，从市场角度分析多元化价值影响的研究陷入了停滞状态，直到近几年才有所突破。Mitton & Vorkink(2010)从投资回报的角度分析为什么多数多元化公司折价交易，以及为什么多元化公司的相对价值各有不同。文章引入相对偏度的概念，通过计算多元化公司股票收益的分布偏度与对应的单一化公司组合的偏度之差，发现多元化公司的相对偏度更小，表明投资多元化公司相比投资单一化公司丧失了更多的获取高额正向回报的机会，因而需要给投资人以更高的收益率以弥补他们的损失；文章进一步发现，相对偏度越小的多元化公司其折价幅度越大；并且，相对率偏度的差异可以很好地解释多元化公司回报率的差异。但作者认为，回报偏度只是解释多元化公司相对价值的原因之一，并不排斥其他诸如内部资本市场等理论。

Chen, Guo, & Tay(2010)以日本经连会(Keiretsu)的成员企业为研究对象，对比分析了会员企业与非会员企业股票投资的风险构成及对股东财富的影响，他们指出：由于风险共担、收益共享，会员企业的盈利状

况更加稳定,非系统风险降低;但各会员企业基本面的关联度上升,使得企业的系统风险增加。因而尽管多元化对会员企业的总体风险无显著影响,但改变了风险构成,将部分非系统风险转化为系统风险。由于后者需要得到补偿,因而多元化会降低公司股票价格,损害股东利益。该文对研究具有风险和收益共担特征的多元化企业和企业集团有一定借鉴作用,并指出这种风险和收益共担虽然有损股东利益,但对经理层有利,所以存在经理层利用多元化增加自身效用损害股东利益的可能性。因而,通过企业多元化分散风险不如投资者自己在市场上分散化投资。

风险报酬分析中有两个问题需要注意:一是用来解释多元化折价的风险和收益特征变量,如投资者的收益率、收益的波动性等,应该与特定的公司财务变量存在一定的对应关系,而这种对应关系需要进一步的明确。例如,在 Mitton & Vorkink(2010)中,股票收益的偏度与哪些反映公司运营状况的财务变量相关?这种对应关系的确立可以帮助我们搭建一个从市场层面到公司经营层面的通道。二是应该厘清风险报酬分析与从公司经营层面解释多元化的各理论之间的关系。虽然 Mitton & Vorkink(2010) 与 Chen, Guo, & Tay(2010)分别涉及了内部资本市场和代理理论,但都是基于现有资料逻辑上的推演,并未从正面做出直接的判断和证明。而只有在完成多元化公司证券市场表现与多元化公司经营的横向贯通后,才能全面完整地认识多元化与公司价值的关系。

五、其他理论

在对多元化与企业价值关系的不断探索中,有学者将其他的财务理论或者模型借鉴过来,试图从新的角度解读多元化折价现象。这样的研究较为零散,但不失为有益的探索。

多元化作为公司的经营策略,可能受到公司在产品市场的竞争策略和融资策略等因素的影响。Lyandres(2007)从企业的资本结构与产品市场竞争策略的关系出发,对多元化折价提出了新的解释。在模型中,企业的最优资本结构与所在行业的竞争格局有关,因而不同行业有不同的最优资本结构。由于合适的融资策略可以帮助企业在产品市场更好地竞争,而多元化企业受统一的负债率的限制,失去了为各分行业选择最优资本结构的弹性,因而与可以自由选择最优资本结构的单一化企业相比在产品市场的竞争处于不利地位,从而有损于企业价值。多元化公司各子行业竞争度的差异越大,各子行业的最优资本结构差距越大,价值减损幅度就越大。与之前关注多元化投资效率的多数分析不同,这一新研究指出多元化企业融资策略的低效率。

Hund, Monk, & Tice (2010)采用 Paster & Veronesi(2003)的理性学习模型(Rational Learning Model)解释多元化折价现象。后者认为,公司经营的不确定性越大,其估值越高,随着这种不确定性的下降,投资人对股票估值越加接近账面价值;未来盈利能力比较确定的公司(如比较成熟的,以及股利收益率比较高的公司)具有相对低的市场价值/账面价值比率。Hund 等(2010)的实证研究证明,多元化公司未来盈利能力具有较低的不确定性,因此表现出多元化公司的折价现象。

Anjos(2010)通过建立实物期权模型(Real Option Model),解释为什么尽管多元化折价,但多元化企业仍然在经济中占据相当比重。在该模型中,将多元化并购成本和公司分拆(Spin-off)成本看作是期权的执行价格,多元化折价则是企业重组成本存在的内生性结果。当分拆成本明显高于并购成本时,效益差的多元化公司会延迟进行公司重组。因而多元化公司折价越多,多元化公司在经济总量中占比越大。

六、中国的多元化研究现状

中国的多元化研究近年来经历了较大发展,多数研究都以 A 股上市公司为研究对象。早期朱江(1999)、姚俊等(2004)、张翼等(2005)、苏冬蔚(2005)等实证检验了多元化对公司价值的整体影响,但这些研究在样本选取和研究方法等方面都存在一定不足:一方面,取样时间过短,且多数研究都以多元化程度与经营业绩的关系为研究对象,研究结论缺乏稳健性;另一方面,都将多元化作为外生变量,没有考虑自选择的影响。

其后的研究从方法到内容上有了较大提升,与国外情况类似,多元化对公司价值的影响也没有定论。洪道麟、熊德华(2006)利用 1999~2003 年数据研究了中国上市公司多元化的内生性问题,并在此基础上检验了多元化与企业绩效的关系。文章发现,企业特征(规模、年龄、成长性、控股股东类型等)与行业特征会对上市公司的多元化行为产生重要影响。在控制了内生性问题后,多元化会损害企业绩效。Lin & Su(2008)证明了公司是否进行多元化的决策依赖于过去的业绩、股权结构及成长机会等因素;特别地,在高增长行业经营的、业绩较好的、非国有控股的公司更倾向于采用多元化策略。在使用工具变量法、Heckman 两阶段模型、匹配法等计量方法控制自选择问题后,实证发现多元化公司的 Tobin's Q

值高于单一化公司,表明多元化对公司的价值的正向作用超过负向作用,有利于公司价值的提升。并且,Lin & Su(2008)发现国有控股的多元化公司比非国有控股的多元化公司价值要低,笔者将之归因于国有控股公司的政治成本(Political Cost)较高。该研究表明多元化对公司价值的影响与控股股东的性质有关,提示我们在进行中国的多元化研究时要考虑公司控股股东的影响。

由于数据可获得性的问题,中国多元化研究的研究内容和研究手段都受到了比较大的限制。上市公司只公布分行业的销售收入、成本和利润三项数据,缺乏分行业资产和分行业投资额等重要数据,因而研究者无法通过分析资金在部门间的流动判断公司内部资源配置是否符合效率原则,或是否存在行业补贴现象。而在直接验证内部资本市场是否有效,或内部资本配置是否因代理冲突而扭曲的时候,这些分析具有重要作用。这样,数据的问题较大地限制了对中国上市公司的内部资本市场和代理理论的实证研究。同时,部分学者对自选择问题有一定讨论,但缺乏对内生性理论的系统分析。

现有的对内部资本市场的研究工作主要有三部分:理论探讨、个案研究以及分析内部资本市场效率与外部市场条件的关系。卢建新(2009)在Scharfstein & Stein(2000)模型的基础上建立了两期模型,分别分析了股权分散和股权集中两种情况下内部资本市场配置资源的效率。在股权分散的管理者控制型公司内,由于公司治理不完善,双层代理问题使资本市场异化为经理人员的寻租市场,导致资本的低效率配置和过度投资行为;而在股权集中的金字塔式控股公司内,同样由于公司治理的不完善,大股东控制问题使内部资本市场异化为控制股东对其他投资者的利益侵占市场。

由于分行业数据的不完全,一些实证研究从系族企业入手,迂回考察企业集团的内部资本市场。这些系族企业都采用了金字塔式的股权结构,而处于金字塔结构较低端的上市公司成为我们观察系族企业内部资金往来的窗口。邵军、刘志远(2007)和许艳芳等(2009)选择了多元化经营的明天系、鸿仪系企业,对系族内部资金的走向做了分析,两个个案研究的结果与卢建新(2009)的模型结论相吻合,均发现系族企业在配置内部资本时是无效的,效率原则让位于最终控制人的战略需要。由于系族企业的特殊性,王峰娟、邹存良(2009)选择了在我国香港上市、总部及主要业务位于内地的企业集团作为研究对象,这样可以获得完整的分行业数据,从而直接观察内部资本市场。在对华润集团下属的3家上市公司(2家多元化公司,1家单一化公司)的现金流对投资机会的敏感度进行考察后，作者发现这3家子公司的内部资本市场总体上均保持有效运作，但多元化程度对内部资本市场的效率有影响：单一化向多元化发展的初期，内部资本市场效率会趋于提高；超过一定程度后，多元化程度上升会降低内部资本市场效率。这个结果验证了Stein(1997)论述的内部资本市场合理规模与范围的观点。但该研究只能证明国内企业集团中有效内部资本市场的存在，并不能证明有效内部资本市场的普遍性。

另有一部分研究转而考察内部资本市场的价值与外部市场的关系。根据Khanna& Palepu(2000)，在外部市场条件不完善的情况下(产权保护较弱、合同执行不力、信息不对称严重、生产要素市场不发达)，企业的外部交易成本过高，内部市场可以成为外部市场的有效替代，因而在发展中国家，内部资本市场对公司价值有很大的提升空间。Du, Lu & Tao (2008)利用2000年的中国私有企业调查问卷的数据研究了企业所在地区产权保护程度对企业多元化程度的影响，文章发现产权保护越弱的地区，私有企业的多元化程度越高。与之相类似，Fan等(2009)对比了中国各省份的情况，发现产权保护较弱、市场程度较低的省份中，企业更倾向于多元化。上述两项研究的实证结果都支持内部资本市场理论。

袁淳等(2010)以多元化经营对现金持有价值的影响为切入点，分析多元化经营对公司价值的作用机制。一方面，多元化可以通过有效的内部资本市场提高现金的使用效率，又可能因为更为严重的代理问题而降低现金持有的价值。从实证结果看，整体而言多元化经营对现金持有价值的影响并不显著；但大股东持股比例高的公司能够有效约束管理者的机会主义行为，提高内部资本市场效率，从而使得多元化经营提高现金持有价值；反之，大股东持股比例低的公司中，存在严重的代理冲突，导致多元化公司内部资本市场失灵，降低了现金持有价值。

对多元化公司的代理成本假说的实证检验数量较少。洪道麟等(2006)以1999～2003年中国证券市场上的并购事件为样本，考察多元化并购对企业长期绩效的影响。实证发现，收购方的长期绩效显著为负，而多元化并购是造成这种现象的根本原因；与之相对，横向并购对收购方的长期绩效没有显著影响。研究认为管理层盲目乐观和过度投资导致公司选择多元化并购，表明中国公司的多元化决策受到了代理问题的影响。

Chen & Yu (2011)选取我国台湾上市企业为样本，研究了管理者持股与多元化之间的关系。台湾企业的经理多由控股家族指定，因而管理者是家族利益的代言人。文章发现管理者持股与公司多元化程度呈U型关系，并用代理理论加以解释：在管理者持股很少时，管理者关注的是私有利益，因而追求公司经营的多元化，但随着持股比例的上升，管理者的利益与小股东的利益趋向一致，管理层对多元化的兴趣降低；当管理者的持股量达到控股程度时，随着股份的增加，出于分散自身投资风险和剥削小股东利益的需要，管理层更愿意选择公司多元化。文章对研究拥有类似股权结构的公司具有一定的启发性。

综合中国多元化研究的角度及内容，本书认为：中国公司自身及运营的外部环境都有着不同于发达市场和其他发展中市场的特征，因而中国的多元化研究有其复杂性，需要在以下方面特别地加以关注：

一是股权性质在中国的多元化研究中占据重要的位置。在所有权较为分散的资本市场，如美国，所有权与控制权分离造成的代理问题更为突出；而中国公司的股权分布相对集中，第一大股东一般都具有实际控股权，大股东的性质对公司决策显得更重要。LaPorter 等（2000）指出：在投资者保护较弱的国家，大股东和中小股东之间的代理问题是公司治理的主要矛盾。因此，控股股东与中小股东利益之间的矛盾超越股东与管理层之间的矛盾，成为影响中国公司多元化决策及公司业绩的主要因素。

二是对中国企业的多元化进行考察时，需要考虑公司的外部运营环境，包括资金成本、对投资者的保护力度、政治联系对企业的影响等因素。外部市场的不完善程度直接决定了多元化投资策略能够给企业带来的利益大小。可以从几个维度考虑这个问题：其一，由于特殊的制度背景，不同性质的大股东能提供给企业的资源，包括资金、政策扶持、技术、市场权力和管理技能等各不相同，企业控股股东性质在很大程度上决定了企业的机会和遭遇到的外部市场的不完善程度；其二，在相同的宏观经济背景下，发达地区与欠发达地区的公司在外部市场的完善程度上也有一定差异，因而同样的多元化策略可能对不同性质的企业，以及处于不同发达程度地区的企业价值不同；其三，随着时间推移以及外部市场的不断完善，企业信息更加公开透明，产权保护逐步增强、市场化程度不断提高，多元化经营带给企业的价值影响可能在不断变化。

七、总　结

Lang & Stulz (1994) 和 Berger & Ofek (1995)将多元化公司看成是若干单一化经营公司的组合，从而建立起较好的基准来分析多元化公司相对于单一化公司的价值，以判断多元化对公司价值的影响，以此为开端，针对多元化的研究渐渐深入发展。

多元化公司存在自选择，因此需要通过复杂的计量方法或者动态的研究以规避公司本身特征对多元化折价的影响。从公司角度，内部资本市场理论认为在面临融资约束时多元化能为公司创造价值；公司代理理论认为多元化公司往往面临更复杂的组织结构，有利于经理层损害公司利益以最大化私有利益，因此多元化会损害公司价值；内生性理论认为多元化公司折价的现象是内生的，与公司自身的某些特征有关，而多元化是公司基于自身特点的最优选择。

上述多元化的研究并未得出一致性的结论，大量的研究仍在讨论多元化对于公司价值产生什么样的影响，以及为什么会产生这种影响。近年来一些学者尝试从新的角度研究多元化价值问题，他们或者分析多元化公司证券的投资报酬率及其对多元化公司价值的影响，或者借鉴其他公司财务理论解释多元化折价现象。

第三章　中国上市公司多元化经营状况分析

本章以中国A股上市公司为研究对象，对中国上市公司多元化经营现状进行分析，说明整个研究的样本的选取、数据的来源，以及数据的处理方法；根据样本数据分析多元化公司的分布及经营现状，对于多元化公司及其相对价值进行定义，并对多元化公司和单一化公司在相对价值和重要业绩指标上的差异做出初步分析。

一、研究的数据与样本

本研究中用到的公司财务数据和市场交易数据来自Wind数据库，股东性质数据（指第一大股东的性质是国有还是非国有）来自国泰安（CSMAR）数据库。本研究选择2006～2010年在上海及深圳上市的全流通A股上市公司作为研究对象，上市公司的年度报告中会公布销售收入的各行业构成，但这些构成行业并没有标准的定义而是由公司自行给出，因此在研究中笔者按照Wind二级行业的定义将上市公司年报公布的分行业划入某一个标准行业代码，再将公司各分行业数据按照标准行业代码进行分类合并，这样就得到各上市公司按照Wind二级行业标准划分的各分行业的收入、成本和利润数据；在此基础上对公司多元化进行研究。

（一）行业分类的依据：Wind行业体系及选择Wind行业分类标准的原因

在国际上，主要的公司行业分类标准有GICS（Global Industries Classification Standard）和FTSE全球分类系统，前者在学术研究中得到了广泛的应用。在中国，行业分类体系有多种，包括证监会行业、Wind行业、申银万国行业、巨潮行业、国信证券行业、中信证券行业、平安证券行业、中证行业等分类体系，其中 Wind 行业分类标准参照 GICS 四级行业体系，并根据中国实际情况进行了微调。由于 Wind 数据库具有使用广泛、数据权威、所参照的 GICS 体系全球应用广泛等特点，笔者选择了该数据库作为主要的数据来源。但由于 Wind 数据库没有提供第一大股东性质的分类(国有或非国有)，笔者从国泰安 CSMAR 数据库获得该项数据。

本章附表 3－1 描述了 Wind 四级行业体系，以及每级体系包括的行业类别。

(二)数据的选取和分类处理

上市公司年报公布的分行业数据包括分行业名称，分行业收入、成本和利润，而分行业名称由公司根据自身业务的具体内容自行命名，名称较为混乱，例如：一些公司采用大的行业分类说明收入构成，如“制造业”“服务业”等；而一些公司则采用最直接的经营内容说明收入来源，如“物业管理”“物业租赁”“停车费”。这些数据缺乏统一的标准，无法直接用于研究。

笔者在公司年报的基础上，根据 Wind 二级代码的分类标准，通过查阅年报及公司其他资料，确定公司业务的具体内容，据此对每个公司涉及的行业进行分类，在此基础上对每个行业的销售收入、成本和利润数据进行合并整理，得到上市公司的规范分行业数据。

文章选取了 2006～2010 年的公司数据，对中国上市公司的多元化进行研究。考虑到大规模的股权分制改革开始于 2006 年，研究舍弃了 2005 年及以前的数据。

通过股权分置改革，A 股各上市公司采用不同方案使得非流通股得以上市流通；在此之前，流通市场上能观察到的股票价格是流通股的股价，而大部分上市公司的多数股票都是非流通股，因此无法准确得到中国上市公司的市场价值，当然也无法准确考察多元化对公司价值的影响。

此外，股权分置改革之后整个市场环境发生了较大变化，公司拥有了新的股权结构，而所有的股东手中的股票都可以真正在市场上流通，从而对股东产生了新的激励，与之前相比，多元化对公司价值和业绩的影响可能发生了大的变化。本研究主要考察在新的内外部经营条件下，多元化与公司价值的关系。

(三)样本的选取

在整理好的数据的基础上进行研究样本的筛选。选择样本的标准参考了 Berger & Ofek(1995),具体如下:

(1)剔除金融及公用事业类股票(Wind 二级代码为 4010,4020,4030,5510)。

(2)剔除当年及之后 IPO 的公司;剔除当年未完成股改的公司,股改完成的时点以股权分置实施股权公告日为准。

(3)剔除年度总销售收入在 1 亿元人民币以下的公司。

以上 3 个条件适用于本研究所有的实证检验。此外,本章和第四章的样本剔除了相对公司价值(EV)的绝对值大于等于 1.386 的数据。各章的研究进一步剔除了所需财务数据和市场数据不全的公司。本章得到共计 5 118个公司 5 年数据样本,其中:2006 年样本为 783 个,2007 年样本为 908 个,2008 年样本为1 043个,2009 年样本为1 127个,2010 年样本为1 257个。

二、多元化经营的现状

根据 Wind 二级代码把上市公司分成两类:多元化公司和单一化公司;采用 Wind 二级行业定义,多元化公司指的是在两个或两个行业开展经营活动的公司,这样文章研究的是非相关多元化。本节给出了多元化程度的具体度量,并分析多元化公司的经营现状以及市场价值情况。

(一)多元化指标的定义

以 $S_1,S_2,\cdots,S_j$ 分别度量公司的第 1 大,第 2 大,…,第 j 大行业的销售收入($S_1 \geqslant S_2 \geqslant \cdots \geqslant S_j$)[①],本文通过以下几个变量衡量公司的多元化程度:

(1) $DD=\begin{cases}0 & S_2 < 0.1\sum_j S_j \\ 1 & S_2 \geqslant 0.1\sum_j S_j\end{cases}$,说明公司是否从事多元化经营;定

① 公司披露前 5 大行业销售数据,所以 $1 \leqslant j \leqslant 5$。

义第二主营业务收入比重低于营业总收入10%的公司为单一化公司，变量取0；反之，该公司为多元化公司，取1。

(2) $DBH=1-\sum_j S_j^2/(\sum_j S_j)^2$，即Berry-Herfindahl指数。只在一个行业经营的公司$DBH=0$；销售收入越分散，DBH越接近1，标明公司多元化程度越高。

(3)N，占公司销售总收入之比10%或以上的行业的个数。

其中，实证研究中主要采用是DD和DBH度量公司经营的多元化程度，在本章的多元化概况分析中同时采取DD和N来分析中国上市公司的多元化经营现状。

(二)多元化公司在整体经济中的地位

以上市公司为样本，我们通过分析多元化经营公司在所有上市公司中所占的比重来推断多元化公司在整体经济中的地位。表3－1将总体样本分别按照是否为多元化经营（定义1)，以及公司经营行业的个数N(定义3)进行分类，并说明每一类的数量及所占的比重。

表3－1　　多元化公司在上市公司总体中的地位

	数量	数量占比	总资产占比	总收入占比	净利润占比	总市值占比	平均年龄
单一	3 619	70.7%	79.8%	77.9%	81.6%	77.6%	8.36
多元化	1 499	29.3%	20.2%	22.1%	18.4%	22.4%	10.10
$N=1$	3 619	70.7%	79.8%	77.9%	81.6%	77.6%	8.36
$N=2$	1 256	24.5%	18.2%	20.8%	16.9%	19.9%	9.89
$N=3$	227	4.4%	1.8%	1.2%	1.4%	2.2%	11.14
$N=4$	16	0.3%	0.2%	0.1%	0.1%	0.2%	12.00

注：本表应用公司一年数据，统计单一化公司和多元化公司的数量，统计介入不同行业个数的公司的数量，以及它们在数量、总资产、总收入、净利润、总市值方面占所有上市公司总体的比重，并分析各类样本公司年龄的平均值，这里的年龄指上市的年数。总体样本为5 118个。

数据显示，上市公司中大约30%为多元化经营的公司，但在总资产、销售收入、净利润、市值等方面，多元化经营公司仅占到所有上市公司的20%左右，这与大型上市公司中单一化公司比例较高有关。例如，在总资产排名前500的样本中，单一化公司占到415家，占比83%；同时，其资产总额占到前500家总和的85.6%。另一方面，平均年龄显示单一化公司上市的时间更短。

从介入的行业个数看，70.7%的公司在单一行业经营，24.5%的公司介入2个行业，4.4%的公司跨3个不同的行业，而仅有0.3%的公司的经营范

围达到 4 个行业。表 3—1 的数据显示出公司在经营行业的分布上呈现出两个特点:一是涉及 1 个或 2 个行业的公司无论是总体数量还是整体规模远大于涉及 3 个及以上行业的公司,说明上市公司虽然涉猎多个行业,但公司资源配置仍相对集中于少数行业;二是公司涉及行业数量与上市年数呈正向关系,这与 Matsasuka(2001)等人的观点相吻合:随着公司年龄的增长,投资机会逐渐减少,公司会进入新的行业寻找新的增长机会。

进一步分析多元化公司在 2006～2010 年的发展变化。图 3—1 总结了多元化公司在数量、资产、销售收入以及市值占比的数据在历年的变化情况,结果显示,多元化公司在数量上逐渐下降,代表这段时间新上市的公司以单一经营为主;而资产、销售收入、净利润、市值等方面则下降非常多,特别是在 2008 年,这在一定程度上是由于该年度中石油、中海油服、中海集运等一批大型专业化经营的国有企业的上市,使得单一化公司在总体规模上占据越来越大的优势。

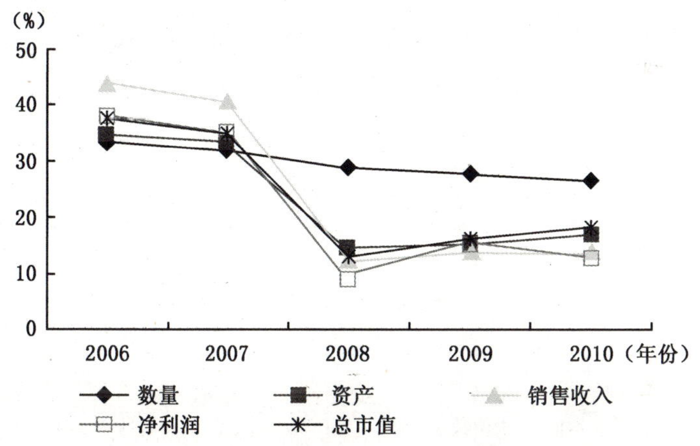

图 3—1 多元化公司在数量、资产、销售收入、净利润、总市值等方面占整个上市公司的比重

(三)多元化与单一化公司的差异分析

进一步分析多元化公司在经营方面的特征。表 3—2 对比分析多元化公司与单一化公司在规模、负债情况、经营业绩、市场价值评估、成长性,以及股东持股等主要公司特性上的差异,采用非参数检验分析双方差异是否显著。为了避免极值的影响,在下面的分析中我们主要关注中位数的比较,并以均值的比较为参考。

表 3—2 的第一部分考察公司的规模和负债情况,其中公司规模以

LNS 和 LNA 衡量，分别代表销售收入和资产的自然对数，而负债情况则分析了公司的财务杠杆(即市值负债率，负债与公司市场价值之比)和负债成本(等于利息支出除以负债总额)。从数据看，单一化公司的销售收入显著高于多元化公司，说明单一化公司具有更大的销售规模；资产方面，虽然两者的中位数无显著差异，但均值显示单一化公司的资产超过多元化公司，表明了少数大型单一化公司的影响。另一方面，多元化公司普遍采取了更激进的资本结构，具有显著更高的财务杠杆，同时也担负更高的负债成本。

表 3—2　　多元化公司与单一化公司在公司特质上的差异对比

第一部分：规模与负债								
	LNA		LNS		财务杠杆		负债成本	
	均值	中位数	均值	中位数	均值	中位数	均值	中位数
多元化公司	21.519	21.473	20.940	20.901	0.273	0.243	0.022	0.019
单一化公司	21.658	21.478	21.201	21.056	0.261	0.223	0.024	0.017
差异显著性	3.960	0.003	6.768	14.978	2.108	9.409	0.351	4.235
概率	0.000	0.958	0.000	0.000	0.035	0.002	0.726	0.040
第二部分：经营业绩与市场估值								
	ROA(%)		ROE(%)		ROIC(%)		Tobin's Q	
	均值	中位数	均值	中位数	均值	中位数	均值	中位数
多元化公司	3.842	3.177	6.470	6.630	5.000	3.985	2.508	2.048
单一化公司	4.722	4.223	3.880	8.350	5.816	5.353	2.627	2.117
差异显著性	3.337	40.706	0.930	38.391	1.376	40.004	2.140	1.825
概率	0.001	0.000	0.353	0.000	0.169	0.000	0.032	0.177
第三部分：盈利能力与资产使用效率								
	毛利润率(%)		净利润率(%)		资产周转率		EBITM(%)	
	均值	中位数	均值	中位数	均值	中位数	均值	中位数
多元化公司	24.352	21.303	3.231	3.939	0.670	0.590	6.083	5.081
单一化公司	24.490	20.718	6.541	5.343	0.772	0.649	6.531	5.985
差异显著性	0.272	0.963	6.075	40.706	6.641	22.897	0.800	30.543
概率	0.786	0.326	0.000	0.000	0.000	0.000	0.424	0.000
第四部分：成长性、红利发放与上市年数								
	CAPEXR		SGR		红利收益率		年龄	
	均值	中位数	均值	中位数	均值	中位数	均值	中位数
多元化公司	0.517	0.319	0.113	0.084	0.005	0.000	10.097	10.000
单一化公司	0.453	0.288	0.153	0.099	0.006	0.001	8.362	9.000
差异显著性	2.812	9.013	3.027	8.836	5.454	29.188	12.816	90.795
概率	0.005	0.003	0.003	0.003	0.000	0.000	0.000	0.000
第五部分：股权结构								
	LSH(%)		MSH(%)		ASH(%)		ISH(%)	
	均值	中位数	均值	中位数	均值	中位数	均值	中位数
多元化公司	33.660	31.330	1.328	0.005	0.037	0.027	25.730	20.428
单一化公司	37.265	36.030	4.519	0.004	0.044	0.032	30.656	26.328
差异显著性	7.801	40.785	8.963	1.663	6.151	28.916	6.716	27.910
概率	0.000	0.000	0.000	0.197	0.000	0.000	0.000	0.000

注：本表应用公司一年数据，按照多元化策略，对不同类型的公司的相关特征的差异性进行非参数检验。差异的显著性指 t 值或者调整 Chi Square 值。样本总数为5 118个。

表 3—2 的第二部分对比考察多元化公司和单一化公司的经营业绩与市场估值，其中经营业绩选取的衡量指标是总资产收益率 ROA、净资

产收益率 ROE、投入资产收益率 ROIC，而选择 Tobin's Q 值（公司的市场价值对账面价值之比）说明市场估值。研究发现，单一化公司在经营业绩上显著好于多元化公司，各项收益率指标都显著地高；在 Tobin's Q 值方面，单一化公司也较高，但在中位数上体现得不显著。

进一步深入分析公司的经营业绩，收益率指标可以拆解为盈利能力和资产使用效率，表 3－2 的第三部分以毛利润率、净利润率和 EBITM（公司的 EBIT 对销售收入之比）衡量盈利能力，以总资产周转率衡量资产使用效率，数据显示，多元化公司的净利润率、EBITM 和资产周转率都显著低于单一化公司，代表多元化公司不论是在盈利能力还是在资产运用能力方面都劣于单一化公司。结合表 3－2 的第二部分和第三部分数据，我们发现多元化公司在经营方面落后于单一化公司。注意到多元化公司在毛利润率上与单一化公司无显著差异，表明多元化公司的管理费用和销售费用高于单一化公司。

表 3－2 的第四部分考察成长性等 4 个指标。其中公司成长性以 SGR（即收入增长率，取公司过去 3 年销售收入的复合年增长率）和 CAPEXR（公司最近 3 年的资本投资现金流之和对销售收入之比）来衡量，对比发现，过去 3 年单一化公司的复合增长率显著高于多元化公司，但多元化公司对未来的投入高于单一化公司；而在红利发放政策上，单一化公司的红利收益率显著高于多元化公司，同时多元化公司的年龄（公司上市日到样本计算日期的年数）更大。

最后用 4 个指标分析公司的股权特征，包括第一大股东持股比例 LSH、投资机构持股比例 ISH、管理层持股比例 MSH 和投资者平均持股比例 ASH。表 3－2 的第五部分数据表明，单一化公司的第一大股东持股比例显著高于多元化公司，其股东的平均持股量也显著高于多元化公司，并且有更多的机构愿意持有单一化公司的股票，两类公司的管理层持股比例均较低，中位数的差异不显著。

总体而言，表 3－2 的数据显示，多元化公司的规模偏小，经营历史更长，但是经营不善，体现为各项费用高、业绩差、历史增长率低、为股东派发的红利少；这些导致多元化公司的股权更分散，第一大股东的信心不足，也缺少机构投资者的青睐。

三、多元化公司的相对价值

从 Lang & Stulz (1994)和 Berger & Ofek (1995)开始的研究都将

多元化公司看成是多个单一化公司的投资组合，并比较其相对价值。本部分内容对文中用到的相对价值概念进行定义，同时提出相对资产和相对利润这两个衡量多元化公司资产和利润的概念，并比较在相对价值、相对资产和相对利润方面，单一与多元化公司的差别。

(一)相对衡量指标的定义

笔者采用 Berger 和 Ofek(1995)的方法来量度多元化公司相对单一化公司的价值。具体步骤如下：

(1)计算该公司的市场实际价值(MV)。

$$MV = \text{公司股票市场价值} + \text{债务账面价值}$$

(2)计算多元化公司的推算价值 IV(Imputed Value)，即将多元化公司各分行业视作独立运营的单一化企业所应该具备的价值。

$$IV = \sum_{i=1}^{j} S_i M_i$$

S_i：该公司在某行业 i 中的销售收入。

M_i：行业 i 中所有单一化公司的公司价值与销售收入比值的中位数；如果未取到中位数，就用上一级代码的中位数代替。

(3)将公司的市场实际价值 MV 与推算价值 IV 做比较。以 $EV = \mathrm{Ln}(MV) - \mathrm{Ln}(IV)$ 作为衡量多元化公司相对价值的指标。EV>0，说明公司的市场价值高于将各个分行业看作独立个体所拥有的价值。由于没有分行业的资产分布，只能构造以销售收入为权重的相对指标，而无法构造以资产为权重的相对价值指标。

EV 通过构建多元化公司的推算价值分析其相对于单一化公司的市场价值，本研究进一步引入相对资产 EA，旨在分析多元化公司相对于单一化公司的账面价值，以衡量公司的资产使用效率。其计算方法如下：

(1)计算按照行业平均资产利用能力公司获得相同销售收入需要耗费的资产总数，即公司的推算资产 IA(Imputed Assets)。

$$IA = \sum_{i=1}^{j} S_i N_i$$

S_i：该公司在某行业 i 中的销售收入。

N_i：行业 i 中所有单一化公司的公司资产与销售收入比值的中位数。

(2)将公司的实际资产 A 与推算资产 IA 做比较。

$$EA = \mathrm{Ln}(A) - \mathrm{Ln}(IA)$$

EA 是公司的相对资产，$EA < 0$，说明公司获得相同销售收入所使

用的资产比市场平均水平少；因此 EA 越小，代表公司的资产使用效率越高。EA 衡量公司的账面价值，EV 衡量公司的市场价值，因此 EV 越高代表公司越好，而 EA 越低代表公司越好。

多元化公司的相对利润指标 EI 反映的是公司获得利润的能力。计算方法如下：

(1)计算按照行业平均利润水平，计算公司在目前销售收入下可获得的净利润，即计算公司的推算利润 II(Imputed Income)。

$$II = \sum_{i=1}^{j} S_i G_i$$

S_i：该公司在某行业 i 中的销售收入。

G_i：在该行业 i 中的所有单一化公司其公司利润与销售收入比值的中位数。

(2)将公司的实际利润 NI 与推算利润 II 做比较。

$$EI = (NI - II) / |NI|$$

EI>0，说明公司获取利润的能力超过了同行业平均水平；反之，获取利润水平比市场平均水平低。EI 越大，公司的盈利能力越强。

(二)单一化公司与多元化公司在相对衡量指标上的差异性

表 3—3 对 2006～2010 年中国上市公司中多元化公司与单一化公司在相对价值、相对资产、相对利润方面的差异进行分析。

表 3—3　　多元化公司与单一化公司在相对价值、相对资产、相对利润方面的差异对比

	EV		EA		EI	
	均值	中位数	均值	中位数	均值	中位数
多元化公司	−0.010	−0.023	0.071	0.052	−2.084	−0.379
单一化公司	−0.004	−0.013	0.020	0.010	−1.712	−0.008
差异显著性	0.325	0.241	3.286	4.877	1.167	73.764
概率	0.745	0.624	0.001	0.027	0.243	0.000

注：本表应用公司一年数据，按照多元化策略，对不同类型公司的相对衡量指标的差异性进行非参数检验。差异的显著性指 t 值或者调整 Chi Square 值。样本总数为5 118个。

从公司相对价值 EV 看，多元化公司与单一化公司都为负，并且差异并不显著，这说明以行业中位数为比较基准，大部分公司处于落后地位，而多元化公司并未体现出相对单一化公司损毁价值的现象。但在相对资产 EA 方面，多元化公司显著高于单一化公司，说明多元化公司资产的使用效率更低。此外，多元化公司的相对利润 EI 也显著低于单一化公司，表明多元化公司的利润水平更差于单一化公司。

进一步分析相对衡量指标在 2006～2010 年的变化。图 3－2、图 3－3、图 3－4 应用各年的子样本，计算多元化公司与单一行业经营公司 EV、EA、EI 的中位数，并通过图形说明这些相对衡量指标的发展变化。

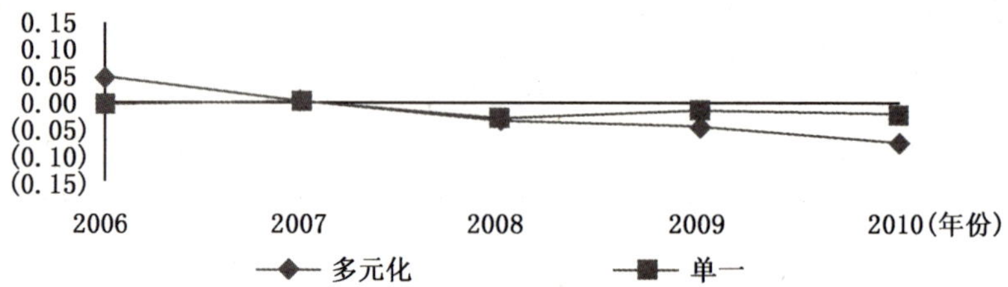

图 3－2　多元化公司与单一行业经营公司相对价值 EV 的变化

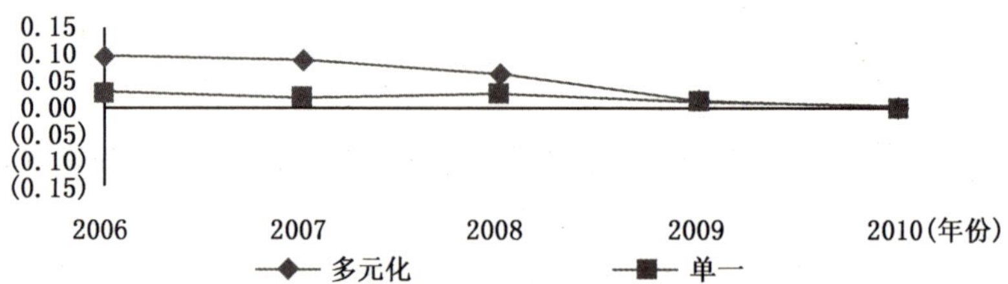

图 3－3　多元化公司与单一行业经营公司相对资产 EA 的变化

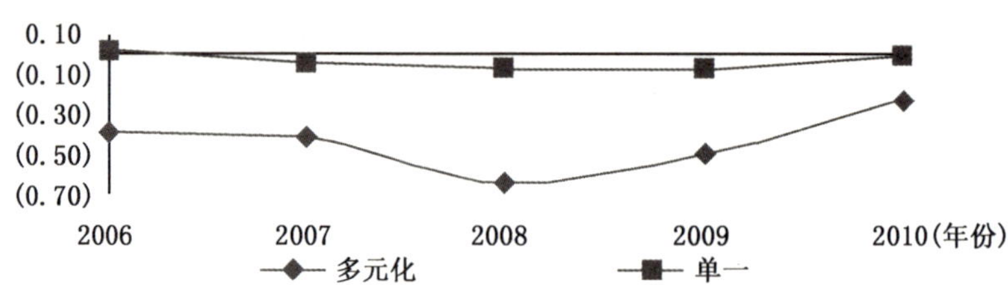

图 3－4　多元化公司与单一行业经营公司相对利润 EI 的变化

从图 3－2、图 3－3、图 3－4 可以看出，多元化公司的相对价值 EV 经历了从高到低的变化过程，2006 年甚至高于单一行业经营公司，但之后不断下降，2009 年和 2010 年均低于单一行业经营的公司。而在相对资产 EA 方面则恰好相反，2006 年和 2007 年多元化公司的 EA 均比较高，之后下降，2009 年和 2010 年都比较接近于单一化公司，表明多元化公司在资产使用效率方面与单一化公司的差距减少。多元化公司的相对

利润 EI 一直都低于单一化公司，2010 年差距有缩小。

上述结果可以在中国股票市场 2006～2010 年的发展变化得到解释。2006 年、2007 年是大牛市阶段，各种题材股都获得了很高的市场估值，而多元化公司由于经营行业众多，无疑能触及很多题材，在市场炒作中股价上升，导致多元化公司的 EV 并不低于甚至高于单一行业经营的公司；随着市场在 2008 年以后的逐渐萧条和投资者的成熟，大量的题材股泡沫破灭，价格下跌，而质地优良、利润丰厚的公司获得了市场的认可，而多元化公司的相对利润一直低于单一化公司，因此多元化公司的价值不断下降，多元化公司的相对价值逐渐低于单一行业经营的公司。但在总体上，多元化公司的相对价值与单一化公司并没有显著差异。

四、总　结

本章从 Wind 数据库、国泰安(CSMAR)数据库中选择研究所需的数据，并参考 Wind 二级行业体系手工得到各公司销售收入的行业构成，以展开多元化研究。

本章给出了不同的多元化定义方式，并在此基础上分析多元化公司的特点。数据显示，整个上市公司中大约有 30%为多元化经营，但是多元化公司在收入、利润和市值方面对整个市场的贡献只有 20%左右。进一步，我们发现，相对于单一行业经营的公司，多元化公司的经营业绩更差，体现为利润率和资产使用效率都显著低于单一行业经营的公司，同时多元化公司的第一大股东持股较少，股权更分散，也缺少机构投资者。

较低的经营业绩导致了在相对衡量指标方面的落后。多元化公司的相对价值 EV 逐年下降，相对资产 EA 和相对利润 EI 更是全面处于下风。我们将在后面的研究中详细分析多元化对于公司价值的影响，并讨论其原因。

附表 3—1　　万得(Wind)行业分类标准

行业类别	行业组	行业	子行业
10 能源	1010 能源	101010 能源设备与服务	10101010 石油与天然气钻井
			10101020 石油与天然气设备与服务
		101020 石油与天然气	10102010 综合性石油与天然气企业
			10102020 石油与天然气的勘探与生产
			10102030 石油与天然气的炼制、销售和运输
15 原材料	1510 原材料	151010 化学制品	15101010 商品化工
			15101011 化纤
			15101020 各样化学制品
			15101030 化肥与农用药剂
			15101040 工业气体
			15101050 特种化学制品

续表

行业类别	行业组	行业	子行业
15 原材料	1510 原材料	151020 建筑材料	15102010 建筑材料
		151030 容器与包装	15103010 金属与玻璃容器
			15103020 纸包装
		151040 金属、非金属与采矿	15104010 铝
			15104020 金属非金属
			15104021 煤炭
15 原材料	1510 原材料	151040 金属、非金属与采矿	15104030 黄金
			15104040 贵重金属与矿石
			15104050 钢铁
		151050 纸产品与林产品	15105010 林产品
			15105020 纸制品
20 工业	2010 资本货物	201010 航空航天与国防	20101010 航天航空与国防
		201020 建筑产品	20102010 建筑产品
		201030 建筑与工程	20103010 建筑与工程
		201040 电气设备	20104010 电气部件与设备
			20104020 重型电气设备
		201050 工业集团企业	20105010 工业集团企业
		201060 机械制造	20106010 建筑、农业机械与重型卡车
			20106020 工业机械
		201070 贸易公司与经销商	20107010 贸易公司与经销商
	2020 商业服务与供应品	202010 商业服务与供应品	20201010 商业印刷
			20201030 综合商业服务
			20201040 就业服务
			20201050 环境服务
			20201060 办公服务与用品
	2030 运输	203010 航空货运与物流	20301010 航空货运与物流
		203020 航空公司	20302010 航空公司
		203030 海运	20303010 海运
		203040 公路与铁路	20304010 铁路
			20304020 陆运
		203050 交通基本设施	20305010 机场服务
			20305020 公路与铁路
			20305030 海港与服务
25 消费者相机选购品	2510 汽车与汽车零部件	251010 汽车零配件	25101010 机动车零配件与设备
			25101020 轮胎与橡胶
		251020 汽车	25102010 汽车制造商
			25102020 摩托车制造商
	2520 耐用消费品与服装	252010 家庭耐用消费品	25201010 消费电子产品
			25201020 家庭装饰品
			25201030 住宅建筑
			25201040 家用电器
			25201050 家用器具与特殊消费品
		252020 休闲设备与用品	25202010 消闲用品
			25202020 摄影产品
		252030 纺织品、服装与奢侈品	25203010 服装、服饰与奢侈品
			25203020 鞋类
			25203030 纺织品
	2530 酒店、餐馆与休闲	253010 酒店、餐馆与休闲	25301010 赌场与赌博
			25301020 酒店、度假村与豪华游轮
			25301030 消闲设施
			25301040 餐馆
	2540 媒体	254010 媒体	25401010 广告
			25401020 广播与有线电视
			25401030 电影与娱乐
			25401040 出版
	2550 零售业	255010 经销商	25501010 经销商
		255020 互联网与售货目录零售	25502010 售货目录零售
			25502020 互联网零售
		255030 多元化零售	25503010 百货商店
			25503020 综合货品商店
		255040 专营零售	25504010 服装零售
			25504020 电脑与电子产品零售
			25504030 家庭装潢零售
			25504040 专卖店
30 日常消费品	3010 食品与主要用品零售	301010 食品与主要用品零售	30101010 药品零售
			30101020 食品分销商

续表

行业类别	行业组	行业	子行业
			30101030 食品零售
			30101040 大卖场与超市
	3020 食品、饮料与烟草	302010 饮料	30201010 啤酒酿造商
			30201020 酿酒商与葡萄酒商
			30201030 软饮料
		302020 食品	30202010 农产品
			30202030 包装食品与肉类
		302030 烟草	30203010 烟草
	3030 家庭与个人用品	303010 家常用品	30301010 家常用品
		303020 个人用品	30302010 个人用品
35 医疗保健	3510 医疗保健设备与服务	351010 医疗保健设备与用品	35101010 医疗保健设备
			35101020 医疗保健用品
	3510 医疗保健设备与服务	351020 医疗保健提供商与服务	35102010 保健护理产品经销商
			35102015 保健护理服务
			35102020 保健护理设施
			35102030 管理型保健护理
	3520 制药与生物科技	352010 生物科技	35201010 生物科技
		352020 制药	35202010 西药
			35202011 中药
40 金融	4010 银行	401010 商业银行	40101010 综合性银行
			40101015 区域性银行
		401020 互助储蓄银行与抵押信贷	40102010 互助储蓄银行与抵押信贷
	4020 综合金融	402010 综合金融服务	40201020 其他综合性金融服务
			40201030 多领域控股
			40201040 特殊金融服务
		402020 消费信贷	40202010 消费信贷
		402030 资本市场	40203010 资产管理与托管银行
			40203020 投资银行业与经纪业
			40203030 综合性资本市场
	4030 保险	403010 保险	40301010 保险经纪商
			40301020 人寿与健康保险
			40301030 多元化保险
			40301040 财产与意外伤害保险
			40301050 再保险
	4040 房地产	404010 房地产	40401010 房地产投资信托公司
			40401020 房地产管理与开发
45 信息科技	4510 软件与服务	451010 互联网软件与服务	45101010 互联网软件与服务
		451020 信息科技服务	45102010 信息科技咨询与其他服务
			45102020 数据处理与外包服务
		451030 软件	45103010 应用软件
			45103020 系统软件
			45103030 家庭娱乐软件
	4520 技术硬件与设备	452010 通信设备	45201020 通信设备
		452020 电脑与外围设备	45202010 电脑硬件
			45202020 电脑存储与外围设备
		452030 电子设备与仪器	45203010 电子设备制造商
			45203020 电子制造服务
			45203030 技术产品经销商
		452040 办公电子设备	45204010 办公电子设备
	4530 半导体与半导体生产设备	453010 半导体产品与半导体设备	45301010 本导体设备
			45301020 半导体产品
50 电信业务	5010 电信业务	501010 综合电信业务	50101010 非传统电信运营商
			50101020 综合电信业务
		501020 无线电信业务	50102010 无线电信业务
55 公用事业	5510 公用事业	551010 电力公用事业	55101010 电力公用事业
		551020 燃气公用事业	55102010 燃气公用事业
		551030 复合型公用事业与不受监管电力公司	55103010 复合型公用事业与不受监管电力公司
		551040 水公用事业	55104010 水公用事业

第四章 股权性质、多元化与企业价值

研究中国公司的多元化问题必须了解中国市场的特殊之处，简单地应用国外的研究方法对中国公司的多元化进行分析，难以获得正确的结论。中国上市公司的一大特点是，市场上存在大批国有股东保留着控股权的上市公司，这些公司既在获取资源和政策支持上具有优势，又在一定程度上承担了帮助政府实现相关政策的任务，因此在经营决策方面它们具有不同于国外理论和实证研究的特征，这在中国公司多元化问题的讨论中尤为重要。

本章分析多元化战略对于中国上市公司在价值、业绩等方面的影响，重点从上市公司的股权性质出发，深入研究国有公司与非国有公司在多元化战略，以及在多元化的价值影响等方面存在的差异。在研究这些问题的过程中，我们试图理解控股股东的动机和公司经营的外部条件如何影响公司的战略选择。

一、股权性质与公司多元化

研究多元化与公司价值关系的文章数量众多。在发达市场，学者们普遍发现了多元化折价，并认为其原因在于多元化公司与单一化公司相比，更复杂的组织结构导致了更高的代理成本，因而对多元化问题的研究多集中在董事会结构与管理层因素上（Denis 等，1997；Scharfstein & Stein，2000；Rajan 等，2000；Aggarwal & Samwick，2003；Ahn & Walker，2007；Goranova 等，2007）。

而新兴市场上的多元化策略可能产生不同的影响。一方面，在新兴市场中，由于资本市场、劳动力市场、产品市场等公司运营的外部环境发育不完善，通过多元化建立的内部市场作为对外部市场的有效替代，可以

降低公司获取各种资源的成本，因而为公司创造价值（Khanna & Palepu，2000；Khanna & Yafeh，2005）；另一方面，由于法律体系的不完善、信息不对称和公司治理薄弱等原因，多元化也会带来更多的负面效应，如 Chen & Yu (2011)所指出的，新兴市场中，股权的金字塔结构使得控股股东出于分散投资风险和剥削小股东利益的需要，更愿意选择多元化策略。因而多元化对公司价值的影响是一个实证性问题，必须综合考量公司所处的内、外部环境的影响（Khanna & Palepu，2000；Fauver 等，2003）。

中国作为新兴市场国家，在公司运营的内、外部环境上有着一般新兴市场的诸多特点：法律体系不够完善、金融和要素市场不够发达、公司内外信息严重不对称、公司治理薄弱等。但另一方面，中国公司又有其独特之处：由于历史和政治体制的原因，中国市场上存在大量的国有控股公司，这些国有控股人大致可分为几类：中央政府、地方政府、国资委及国有大型企业。由于国有公司与非国有公司相比有着天然的、更紧密的政治联系，导致公司在外部融资、内部公司治理和经营行为等方面，与非国有公司存在明显的差异。

国有公司的特殊性可以在一系列实证研究中找到证据。Li 等(2009)的研究表明，与非国有公司相比，国有公司具有获得长期融资的渠道，因此具有更高的负债率，但是他们同时发现，更高的负债率带来的是更多的长期投资和更差的公司业绩。在公司治理方面，Ferdinand 等(2010)发现，国有公司的股票价格与市场体现出更大的同步性，表明国有公司存在更严重的信息不透明；而 Cao 等(2011)的研究显示，国有公司对 CEO 的薪酬与公司的业绩和价值无关，导致对管理层的激励不有效。上述研究都从不同角度说明了国有公司在经营方面存在的问题，这些进一步证实了 Sun 和 Tong(2003)的发现，在私有化后，国有公司在盈利能力、实际销售收入和生产效率方面都有提升。

由于国有股权的特殊性，国有公司与非国有公司在多元化经营的动机及实际效果上也存在较大差异。Fan 等(2008)认为，公司的多元化方式与其政治联系密切相关，国有公司和私人公司多元化的结果差别很大，后者存在多元化溢价，而前者多元化对公司价值的影响较为中性。Lin & Su(2008)发现，多元化公司的 Tobin's Q 值高于单一化公司，但国有控股的多元化公司的 Tobin's Q 值比非国有控股公司显著低，说明多元化对公司价值的影响取决于股东性质。Delios 等(2008)的研究表明，国有多元化公司的 ROA 低于非国有多元化公司，而国有公司业绩方面存在的劣势同样导致市场估值的下降；Delios 等(2008)同时指出，公司股权性质的差异对于解释多元化在动机、策略和业绩方面具有重要意义。

本章考察多元化对中国上市公司的价值影响，重点分析股权性质的差异对于公司多元化以及公司价值的影响。由于上市公司第一大股东一般都具有控股权，本章将控股股东的性质作为主要指标。具体地讲，将中国上市公司的控股股东分为国有和非国有两大类，考察多元化经营对两类公司的价值及经营业绩是否存在影响，其影响是否有差异，并进一步讨论导致这种差异可能的原因。本章的研究与之前不同的地方在于：

首先，之前研究中国企业多元化战略的文章，样本选择的时段为中国上市公司进行股权分置改革之前。当时绝大部分公司大股东持有股票不能流通，且持股成本远低于流通股东，大股东不关心公司的市值，不担心失去控股地位，中小投资者的利益很难得到保护。上述问题在股权分置改革之后得到了较大的改善。本章考察在新的市场条件下，在新的股东激励及股权结构下，多元化策略对公司价值和业绩的影响。

其次，在股权分置改革前，流通市场上能观察到的股票价格为流通股的股价，而大部分上市公司的多数股票都是非流通股，因此无法得到中国上市公司的市场价值，当然也无法准确考察多元化对公司价值的影响。选取股权分置改革之后的样本进行研究就解决了这一问题。

最后，本章深入分析多元化对国有公司与非国有公司在市场价值和公司业绩等方面的影响，采取不同的样本不同的计算基准，分别计算国有公司多元化的相对价值，以及非国有公司多元化的相对价值，从而能够更准确地分析上述问题。

二、研究设计、模型、变量与样本

本章检验多元化与控股股东性质之间的关系，分析多元化策略在国有和非国有公司对价值的影响是否存在显著差异，并探讨差异存在的原因。我们将研究下面几个问题：

（一）中国上市公司现状分析

把样本按照多元和单一、国有和非国有的两维标准分成四个子样本，采用非参数检验的方法对比不同的样本在公司的市场价值与业绩衡量等方面存在的差异，这能够更好地反映中国上市公司在股权结构、多元化程度，以及公司的市场价值和业绩等方面的现状。样本间的比较共分成5

组:多元化公司与单一化公司,国有公司与非国有公司,国有多元化公司与国有单一化公司,非国有多元化公司与非国有单一化公司,国有多元化公司与非国有多元化公司。

(二)多元回归分析

采用多元回归的方法,在控制其他变量的前提下,研究多元化策略及控股股东的性质对公司价值和公司经营的影响。根据前述内容,计量回归的模型如下:

$$\begin{aligned}\text{Relative Measure} = a &+ b_1 * \text{Diversification Measure} + b_2 * \text{Ownership} + \\ &b_3 * \text{Size Measure} + b_4 * \text{Profitability Measure} + \\ &b_5 * \text{Leverage Measure} + b_6 * \text{Growth Measure} + \\ &b_7 * \text{Corporate Governance Measure} + \\ &b_8 * \text{Other Measures} + \varepsilon \qquad (4-1)\end{aligned}$$

这里因变量 Relative Measure 是公司价值或经营的相对衡量指标,包括公司相对价值 EV 和相对资产 EA。自变量中,Diversification Measure 包括多元化哑变量 DD 和量度多元化程度的变量 DBH;Ownership 是代表第一大股东性质的哑变量;Size 衡量公司规模,可以分别用资产和销售收入计量;Profitability 衡量公司盈利情况;Leverage 指公司财务杠杆;Growth 是公司成长性指标;Corporate Governance 是公司治理指标,包括第一大股东持股比例、管理层持股比例以及管理层持股比例的变动;其他指标还包括资产周转率、公司是否陷入财务危机、公司上市时间长短,以及公司股票的价格波动等。表 4-1 给出了变量的定义和度量。

表 4-1　　变量及其定义

相对衡量指标	EV	相对价值
	EA	相对资产
多元化指标	DD	多元化哑变量,1 为多元化经营,0 为单一化经营
	DBH	Berry-Herfindahl 指数
股权性质	OWNERSHIP	第一大股东性质,1 为非国有持股,0 为国有持股
公司治理指标	LSH	第一大股东持股比例
	MSH	管理层持股比例
	MSHCHG	管理层持股比例的变动
规模指标	LNA	年末资产的对数
	LNS	公司销售收入的对数
成长性指标	CAPEXR*	投资现金流与销售收入之比
	SGR	过去 3 年公司销售收入的年均增长率

续表

业绩指标	EBITM ROA ROE Gross Margin Net Profit Margin	息税前收益与销售收入之比 总资产收益率，等于净利润除以期初期末总资产的平均值 净资产收益率，等于净利润除以期初期末净资产的平均值 毛利润率，毛利润对销售收入之比 销售净利润率，净利润对销售收入之比
财务杠杆	MKTLEV	等于负债除以股票市值与债务账面价值之和
其他指标	TURNOVER Tobin's Q AGE FD Cost of Debt	资产周转率，等于销售收入与资产之比 公司股权市场价值与负债账面价值之和除以总资产 公司上市年数 公司是否陷入财务困境(ST 或净资产为负)，1 为是，0 为否 等于利息支出除以负债总额
股价波动	VOL BETA	年内公司股票周收益率的标准差 以沪深 300 指数为市场指数，根据年内公司股票周收益率计算的贝塔值

注："*"表示为了避免单个年份投资现金流大幅波动对分析造成的影响，本研究采用的均为过去 3 年公司投资现金流总和与考察期当年的销售收入之比。

(三)全样本、国有和非国有子样本

以 2006～2010 年中国 A 股上市公司为研究对象，样本选取见第三章第一部分选择标准，另外剔除相对公司价值的绝对值 EV 大于等于 1.386 的数据。筛选后的公司一年数据样本有5 118个。为了讨论国有公司的多元化与非国有公司的多元化对于公司价值的影响，将总体样本分为国有和非国有两个子样本，其中，国有样本3 266个，非国有样本1 852个。国有样本以不同行业国有单一化公司为基准，计算国有公司的相对价值 EV_s；以不同行业非国有单一化公司为基准，计算非国有公司的相对价值 EV_p。

三、实证分析

我们先对整体样本进行描述，对各子样本的各重要变量进行非参数检验以研究其差异性，再分别对整体样本、国有和非国有子样本进行多元回归分析，讨论不同的解释变量对于公司相对价值、相对资产的影响。

(一)描述性统计

表 4—2 是对样本的整体性描述，所有指标均为非正态分布。数据显

示，样本中大约30%的公司为多元化公司，同时超过64%的公司为国有公司。第一大股东持股比例表明，上市公司平均值达到36%，中位数为34.3%；进一步的统计发现，国有与非国有两个子样本中第一大股东持股比例的均值和中位数均在30%以上，表明上市公司第一大股东一般就是控股股东。中国上市公司管理层持股比例非常低，平均值为3.4%，中位数接近0。其中非国有上市公司的管理层持股比例比国有公司要高。

另一方面，在公司相对价值衡量上，均值和中位数都是负数说明大部分公司都处于折价状态。相对资产也体现出同样的特点。

表4—2 全样本描述性统计量

	均值	中位数	最大值	最小值	标准差	偏度	峰度
EV	−0.008	−0.019	1.385	−1.377	0.598	0.079	2.448
EA	0.035	0.021	2.191	−2.152	0.518	0.056	3.642
DD	0.298	0.000	1.000	0.000	0.457	0.884	1.781
DBH	0.143	0.008	0.730	0.000	0.197	1.100	2.761
LNA	21.625	21.491	28.136	18.344	1.136	0.830	4.368
LNS	21.132	21.013	28.013	18.427	1.260	0.730	4.129
CAPEXR	0.489	0.291	10.043	−0.234	0.681	5.068	43.961
SGR	0.138	0.092	15.542	−0.611	0.421	19.203	550.943
AGE	8.995	9.000	20.000	1.000	4.436	−0.113	2.102
EBITM	0.113	0.089	2.117	−3.518	0.183	−2.030	56.117
OWNERSHIP	0.358	0.000	1.000	0.000	0.479	0.593	1.352
MKTLEV	0.266	0.232	0.909	0.000	0.181	0.647	2.668
LSH(%)	36.080	34.300	86.420	3.690	15.140	0.428	2.651
ROA(%)	4.446	3.862	293.301	−113.457	8.542	6.938	291.861
ROE(%)	4.502	7.775	839.600	−4 396.640	92.313	−31.895	1 301.490
TURNOVER	0.743	0.636	6.747	0.037	0.507	2.723	19.174
FD	0.023	0.000	1.000	0.000	0.150	6.346	41.276
MSH(%)	3.399	0.004	75.378	0.000	11.495	3.967	18.940
MSHCHG	−0.158	0.000	41.172	−53.296	2.098	−4.329	185.239
VOL(%)	57.543	54.071	1 158.058	0.000	32.784	19.479	562.795
BETA	0.939	0.946	3.760	−6.032	0.356	−1.429	35.704

注：本表采用公司一年数据，对2006～2010年上市公司的基本特征进行描述。样本总数为5 118个。

(二)国有公司与非国有公司、多元化与单一化公司的对比

接着将整体样本按照多元化与单一化，以及国有公司与非国有公司分成若干组子样本，对其重要变量进行对比，对比的结果如表4—3所示。为了避免变量极值的影响，分析以中位数为主、均值为辅。

数据表明，国有多元上市公司与非国有多元上市公司在多元化程度

上没有明显差异。

与非国有公司相比，国有公司的相对价值 EV 更低，在 ROA、ROE 等一系列业绩衡量指标上也显著更低，说明国有公司在市场估值和业绩方面都落后于非国有公司；但是国有公司在反映效率的相对资产和总资产周转率方面具有一定的优势。此外国有公司的财务杠杆更高，而在负债成本上与非国有公司无差异，反映出国有公司具有更好的负债融资能力。从 CAPEXR 的中位数看，国有公司投资占销售收入比例更低。在股权结构上，国有上市公司第一大股东持股比例高于非国有上市公司，而其管理层持股比例低于非国有上市公司，可能是因为国有公司对管理层的激励不限于经济利益。

再比较多元化公司与单一化公司。EA 显示多元化公司资产使用效率更低，资产周转率也证实了这一点，但其相对价值 EV 与单一化公司没有显著差别。多元化公司财务杠杆更高，融资成本也更高。虽然其毛利润率与单一化公司无显著差别，但净利润率却更低，表明多元化公司经营的各项费用高于单一化公司，也因此多元化公司的业绩指标落后于单一化公司。多元化公司的投资占比显著高于单一化公司。

与之类似，国有多元化公司虽然在毛利润率上领先于国有单一化公司，但净利润率及其他一系列业绩指标落后于单一化公司，进一步显示出多元化公司的费用高于单一化公司的特征。两者的财务杠杆和负债成本无显著差异，结合国有公司财务杠杆比非国有公司显著高的事实，这在一定程度上证实国有公司融资约束不强，其多元化的目标可能不在于克服资金的限制。

非国有多元化与非国有单一化公司相比，相对价值差别也不显著，但其资产使用效率 EA 更低。以资产周转率和各种利润指标衡量的公司运营都更差，收益率也更低。非国有多元化公司财务杠杆比非国有单一化公司显著高，结合非国有公司财务杠杆总体而言较低的情况，表明非国有公司可能面临较大的融资约束，而多元化是提高财务杠杆的有效途径。而非国有多元化公司亦为此支付了更高的负债成本。

在国有多元化和非国有多元化公司之间同样存在一定的差异。国有多元化相对价值更低，而资产使用效率更高。但两者在资产周转率、投资比例及一系列的利润和收益指标上均无显著差别。值得注意的是，非国有多元化公司虽然在财务杠杆水平上与国有多元化公司无显著差异，却承担了更高的负债成本。

总结以上结果，除了资产使用更有效率外，国有公司运营状况比非国有公司差，市场评价也更低。多元化策略对公司经营总体而言可能有负面影响，但在相对价值 EV 上没有明确体现，需要进行进一步的检验。

表 4—3 **国有和非国有子样本对比的非参数检验**

	EV		EA		Tobin's Q		MKTLEV*		ROA		ROE		Gross Margin		Net Profit Margin	
	均值	中位数	均值	中位数	均值	中位数	均值	中位数	均值	中位数	均值	中位数	均值	中位数	均值	中位数
国有	−0.059	−0.087	0.026	0.007	2.374	1.946	0.285	0.255	4.051	3.502	2.897	7.400	23.304	19.658	5.253	4.273
非国有	0.087	0.095	0.050	0.052	2.975	2.401	0.231	0.188	5.253	4.540	7.761	8.628	26.787	23.228	6.216	6.199
差异显著性	8.468	62.142	1.590	7.636	11.529	140.163	10.519	85.028	4.811	38.389	1.837	17.790	7.311	52.462	1.855	59.420
概率	0.000	0.000	0.112	0.006	0.000	0.000	0.000	0.000	0.000	0.000	0.066	0.000	0.000	0.000	0.064	0.000
多元化	−0.010	−0.023	0.071	0.052	2.508	2.048	0.273	0.243	3.842	3.177	6.470	6.630	24.352	21.303	3.231	3.939
单一	−0.004	−0.013	0.020	0.010	2.627	2.117	0.261	0.223	4.722	4.223	3.880	8.350	24.490	20.718	6.541	5.343
差异显著性	0.325	0.241	3.286	4.877	2.140	1.825	2.108	9.409	3.337	40.706	0.930	38.391	0.272	0.963	6.075	40.706
概率	0.745	0.624	0.001	0.027	0.032	0.177	0.035	0.002	0.001	0.000	0.353	0.000	0.786	0.326	0.000	0.000
国有多元化**	0.025	−0.018	0.052	0.040	2.373	1.996	0.275	0.248	3.694	3.192	4.305	6.612	24.017	20.914	4.228	3.890
国有单一	0.026	−0.002	0.032	0.019	2.375	1.925	0.290	0.261	4.200	3.677	2.307	7.830	23.005	19.282	5.682	4.513
差异显著性	0.035	0.377	1.018	1.153	0.033	2.124	2.122	2.124	1.811	9.890	0.524	15.729	1.642	5.295	2.105	6.025
概率	0.972	0.540	0.309	0.283	0.973	0.145	0.034	0.145	0.070	0.002	0.601	0.000	0.101	0.021	0.035	0.014
非国有多元化**	−0.068	−0.039	0.106	0.092	2.745	2.154	0.268	0.237	4.109	3.131	10.367	6.665	24.955	22.211	1.436	4.154
非国有单一	−0.039	−0.017	0.013	0.009	3.067	2.520	0.215	0.172	5.720	5.115	6.700	9.241	27.533	23.969	8.163	7.284
差异显著性	0.945	0.318	3.481	4.414	3.043	18.040	6.086	31.194	2.996	39.722	0.971	25.733	2.988	5.317	7.582	47.851
概率	0.345	0.573	0.001	0.036	0.002	0.000	0.000	0.000	0.003	0.000	0.332	0.000	0.003	0.021	0.000	0.000
非国有多元化	0.069	0.109	0.113	0.107	2.745	2.154	0.268	0.237	4.109	3.131	10.367	6.665	24.955	22.211	1.436	4.154
国有多元化	−0.054	−0.097	0.048	0.017	2.373	1.996	0.275	0.248	3.694	3.192	4.305	6.612	24.017	20.914	4.228	3.890
差异显著性	3.844	25.292	2.301	6.508	3.982	6.493	0.689	1.488	0.745	0.063	2.156	0.001	1.192	2.501	2.943	0.083
概率	0.000	0.000	0.022	0.011	0.000	0.011	0.491	0.223	0.457	0.803	0.031	0.972	0.233	0.114	0.003	0.773

续表

	Turnover		LSH		MSH		CAPEXR		EBITM		DBH		Cost of Debt	
	均值	均值	均值	中位数	均值	中位数	均值	中位数	均值	中位数	均值	中位数	均值	中位数
国有	0.755	0.755	38.224	37.870	0.248	0.003	0.467	0.273	0.059	0.053	0.142	0.006	0.024	0.018
非国有	0.720	0.720	32.652	30.110	9.465	0.019	0.464	0.335	0.072	0.064	0.138	0.004	0.021	0.018
差异显著性	2.430	2.430	12.854	154.276	29.302	85.028	0.155	31.312	2.476	54.161	0.730	0.305	0.512	0.005
概率	0.015	0.015	0.000	0.000	0.000	0.000	0.877	0.000	0.013	0.000	0.465	0.581	0.609	0.945
多元化	0.670	0.670	33.660	31.330	1.328	0.005	0.517	0.319	0.061	0.051	0.417	0.432	0.022	0.019
单一	0.767	0.767	37.265	36.030	4.519	0.004	0.453	0.288	0.065	0.060	0.026	0.000	0.024	0.017
差异显著性	6.255	6.255	7.801	40.785	8.963	1.663	2.812	9.013	0.800	30.543	152.7	2087.3	0.351	4.235
概率	0.000	0.000	0.000	0.000	0.000	0.197	0.005	0.003	0.424	0.000	0.000	0.000	0.726	0.040
国有多元化	0.685	0.685	35.539	33.700	0.183	0.005	0.524	0.313	0.055	0.050	0.417	0.435	0.020	0.018
国有单一	0.785	0.785	39.350	38.960	0.274	0.002	0.450	0.257	0.061	0.055	0.027	0.000	0.026	0.018
差异显著性	5.103	5.103	6.521	20.765	1.406	11.914	2.386	13.082	0.966	5.295	120.9	1338.7	0.644	0.073
概率	0.000	0.000	0.000	0.000	0.160	0.001	0.017	0.000	0.334	0.021	0.000	0.000	0.520	0.786
非国有多元化	0.644	0.644	30.278	27.320	3.388	0.006	0.502	0.349	0.072	0.053	0.416	0.427	0.025	0.021
非国有单一	0.750	0.750	33.620	31.205	11.940	0.054	0.456	0.333	0.073	0.069	0.025	0.000	0.020	0.017
差异显著性	4.235	4.235	4.650	10.986	9.583	32.349	1.429	0.359	0.067	27.781	93.6	749.5	3.283	9.773
概率	0.000	0.000	0.000	0.001	0.000	0.000	0.153	0.549	0.946	0.000	0.000	0.000	0.001	0.002
非国有多元化	0.644	0.644	30.278	27.320	3.388	0.006	0.502	0.349	0.072	0.053	0.416	0.427	0.025	0.021
国有多元化	0.685	0.685	35.539	33.700	0.183	0.005	0.524	0.313	0.055	0.050	0.417	0.435	0.020	0.018
差异显著性	1.836	1.836	6.499	24.907	8.719	1.324	0.510	1.955	1.526	1.085	0.196	0.463	2.927	3.493
概率	0.067	0.067	0.000	0.000	0.000	0.250	0.610	0.162	0.127	0.298	0.845	0.496	0.004	0.062

注:本表应用公司一年数据,按照公司的股权性质和多元化策略,对不同类型的公司的相关特征的差异性进行非参数检验。差异的显著性指 t 值或者调整 Chi Square 值。样本总数为5 118个。

“ * ”表示表中结果为按企业市值计算的财务杠杆,按照账面价值计算的负债率其结论也相同。

“ ** ”表示国有多元化和国有单一化公司的相对价值比较取值为 EV_s，国有多元化和国有单一化公司的相对价值比较取值为 EV_p。国有多元化和非国有多元化的比较取值为 EV。

(三)多元回归

为了研究多元化、控股股东性质与公司价值之间的关系,我们将在对某些变量进行控制的基础上,对公司相对价值等变量进行回归。我们先对总体样本进行回归,再将总体样本分成国有和非国有两个子样本进行回归。

总体样本、国有持股的子样本和非国有持股的子样本变量间相关性检验的结果在附表4—1。由于全样本、国有和非国有公司子样本各变量间的相关性检验显示出某些变量相关程度较高,我们对回归等式中的自变量进行了一定调整。例如,在全样本回归中,由于公司规模、上市时间长短以及管理层持股与第一大股东性质高度相关,我们在回归中未保留这几个控制变量。而在稍后的子样本回归中,由于不再需要Ownership变量,我们加入了在全样本回归中省略的这些控制变量。

1. 总体样本回归

回归结果如表4—4所示,所有自变量的系数均显著不等于零。多元化哑变量的系数为—0.066 8,显示多元化从总体来看对公司价值有损毁;第一大股东持股性质为0.053 4,表明非国有持股能提升公司价值。第一大股东持股比例的系数为—0.001 8,控股股东持股比例越高,企业相对价值越低。公司盈利水平及投资率与公司价值正相关;公司财务杠杆、资产周转率越高,公司价值反而越低。ST类公司(FD指标取1)也得到了市场青睐。

表4—4　　总体样本多元回归结果

被解释变量:EV	样本总数5 098			
解释变量	系数	标准差	t统计量	概率
常数项	0.589 3	0.028 6	20.636 9	0.000 0
DD	—0.066 8	0.014 3	—4.658 4	0.000 0
CAPEXR	0.115 4	0.010 5	10.968 3	0.000 0
EBITM	0.107 2	0.039 4	2.719 8	0.006 6
OWNERSHIP	0.053 4	0.013 8	3.861 7	0.000 1
MKTLEV	—1.046 9	0.036 9	—28.409 2	0.000 0
LSH	—0.001 8	0.000 4	—4.026 7	0.000 1
TURNOVER	—0.541 6	0.014 0	—38.819 2	0.000 0
FD	0.489 6	0.044 9	10.900 9	0.000 0
VOL	0.001 2	0.000 2	5.989 1	0.000 0
调整R^2	0.402 9			

注:本表应用公司一年数据,对相对价值EV进行多元回归。

在上述样本中，非国有公司为1 852个，我们采取 Chow 检验分析上述多元回归模型在不同子样本的稳定性，结果如下：

Chow Breakpoint Test：1 853			
F-statistic	6.612 0	Prob. F(95 080)	0
Log likelihood ratio	59.371 7	Prob. Chi-Square(9)	0

这说明，国有和非国有公司两个不同的子样本在结构上具有显著差异，因而有必要对两个子样本分别进行检验。

我们采取 EV 对国有和非国有两个子样本进行分别回归，回归结果见附表 4—2。该结果同样表明多元化对国有和非国有公司的影响是有差别的；具体而言，国有多元化公司呈现出价值损毁，但非国有公司受到的负面影响不显著。

考虑到国有股权的特殊性，假设国有控股公司和非国有控股公司在质上存在差异，分别以国有单一化公司和非国有单一化公司作为基准，计算国有多元化公司和非国有多元化公司的相对价值，以期能更准确地衡量多元化对公司价值的影响。

2. 国有和非国有子样本的回归

对国有和非国有两个子样本进行分别回归，考察多元化对于国有公司的相对价值 EV_s，和非国有公司的相对价值 EV_p 的影响。考虑到两个子样本中控制变量之间的相关性，我们在回归中采用了不同的控制变量组合。

回归结果见表 4—5。可以看到，多元化对两类公司的价值均有显著的负面影响，对国有公司价值损毁的幅度更大；且多元化程度越高，对公司价值的损毁越大。以 CAPEXR 衡量的投资比率越高，公司价值提升就越多，说明公司对未来成长性的投资得到了市场的认可。上市时间的长短与非国有公司价值正相关，但对国有公司的正向作用不够显著。公司规模、资产周转率以及公司财务杠杆与企业价值负相关。公司是否陷入财务危机指标 FD 与企业价值正相关。而反映公司盈利能力的 EBITM 与公司价值正相关。值得注意的是，在非国有公司中，第一大股东持股比例与公司价值正相关，但在国有公司中显著负相关，这在一定程度上说明了市场对不同股权性质的企业在公司治理方面的评价存在差异：对于非国有公司，在保持控股的前提下，第一大股东持股比例越高，其现金流权和控制权背离的幅度就越小，对公司价值应该有正向作用；而对于国有公司，政府控股权越多，所承担的政策性任务也就越大，对公司价值的负面作用也就越强。

为了进一步检验股权性质对公司价值的影响是否具有显著差异，我们对两个子样本三组回归中 DD 和 DBH 的系数做了 Wald 检验，结果表明两个子样本的系数都在 1%水平下显著差异，因此，多元化对国有上市公司价值的损害显著高于非国有上市公司。

表 4—5 国有和非国有子样本多元回归结果

被解释变量	EV_s	EV_p	EV_s	EV_p	EV_s	EV_p
样本	国有	非国有	国有	非国有	国有	非国有
常数项	2.628 (15.818)	2.732 (10.342)	3.242 (21.573)	3.885 (15.828)	2.658 (16.209)	2.720 (10.294)
DD	−0.107 (−6.076)	−0.056 (−2.273)			−0.098 (−5.586)	−0.047 (−1.936)
DBH			−0.236 (−5.738)	−0.114 (−1.972)		
LNA	−0.098 (−12.254)	−0.116 (−8.922)			−0.101 (−13.197)	−0.110 (−8.652)
LNS			−0.129 (−16.539)	−0.169 (−13.185)		
CAPEXR	0.107 (8.881)	0.181 (8.509)			0.093 (7.457)	0.170 (7.984)
SGR			0.007 (0.226)	−0.013 (−0.742)		
AGE	0.004 (1.775)	0.009 (3.084)	0.001 (0.408)	0.007 (2.678)		
MKTLEV	−0.680 (−13.242)	−0.770 (−10.544)	−0.642 (−13.276)	−0.715 (−10.060)	−0.699 (−14.302)	−0.762 (−10.620)
LSH	−0.002 (−2.803)	0.002 (1.959)	−0.001 (−2.166)	0.002 (2.224)		
ROA	0.007 (4.779)	0.002 (1.531)				
EBITM			0.316 (6.017)	0.199 (3.122)	0.256 (4.601)	0.163 (2.518)
TURNOVER	−0.501 (−29.494)	−0.555 (−23.570)	−0.370 (−20.266)	−0.425 (−15.938)	−0.471 (−27.800)	−0.543 (−22.851)
FD	0.382 (6.070)	0.450 (6.883)	0.366 (5.827)	0.358 (5.513)	0.377 (6.023)	0.468 (7.212)
MSH	0.006 (1.148)	0.001 (1.005)			0.006 (1.144)	0.000 (−0.742)
MSHCHG			0.001 (0.027)	0.004 (1.328)		
VOL	0.001 (4.062)	0.001 (2.256)			0.001 (4.060)	0.001 (2.547)
BETA			0.011 (0.495)	−0.088 (−2.804)		

续表

被解释变量	EV_s	EV_p	EV_s	EV_p	EV_s	EV_p
样本	国有	非国有	国有	非国有	国有	非国有
调整 R^2	0.384	0.398	0.394	0.411	0.382	0.396
样本数	3 210	1 821	3 147	1 760	3 210	1 821

注：回归分为3组，每组由国有公司和非国有公司2个样本组成。上一行数字为变量的系数，下一行括号内为 t 统计量。

3. 对EA的回归

将因变量换成EA，同样对其进行回归，结果归纳在表4—6中。

回归结果显示公司资产使用效率在控制了一定变量后与多元化变量的关系：多元化从整体而言对公司效率有正面作用，这表明由于资源、品牌、信誉等可以在公司内共享，多元化可以提升公司资产的使用效率，资产周转率与资产使用效率显著正相关也印证了这一点，但在非国有公司样本中，多元化对公司效率的提高作用不显著，一定程度上说明非国有多元化公司的资源共享优势未能有效实现，其原因有待更深入研究。第一大股东持股比例与相对资产负相关，显示了第一大股东持股比例越高，资产使用效率就越高，其原因可能在于现金流权和控制权背离的幅度减小。

反映公司成长性的两个变量对于相对资产的影响截然相反：CAPEXR与EA显著正相关，而SGR则与EA显著负相关，这体现了反映未来成长性的变量与反映过去成长性的变量之间的差别。当公司把一部分资源拿去进行再投资以获得未来成长时，对当期的资产使用效率有负面影响，而在过去几年销售收入快速增长的公司，资产使用效率也不断上升。

表4—6　　国有和非国有子样本相对资产多元回归结果

被解释变量	EA	EA_s	EA_p	EA	EA_s	EA_p
样本	全部	国有公司	非国有公司	全部	国有公司	非国有公司
C	0.984 (9.560)	1.235 (9.565)	0.403 (2.029)	1.796 (18.544)	1.876 (15.719)	1.722 (8.967)
DD	−0.042 (−3.867)	−0.074 (−5.389)	−0.003 (−0.166)			
DBH				−0.098 (−3.760)	−0.158 (−4.827)	−0.028 (−0.623)
LNA	−0.019 (−3.717)	−0.030 (−4.878)	0.009 (0.876)			
LNS				−0.058 (−11.417)	−0.060 (−9.651)	−0.054 (−5.359)
CAPEXR	0.143 (18.727)	0.130 (13.883)	0.176 (10.969)			
SGR				−0.087 (−7.242)	−0.116 (−4.920)	−0.065 (−4.644)

续表

被解释变量	EA	EA_s	EA_p	EA	EA_s	EA_p
样本	全部	国有公司	非国有公司	全部	国有公司	非国有公司
AGE	−0.001 (−0.452)	0.000 (−0.012)	−0.002 (−0.944)	0.001 (0.729)	−0.002 (−0.993)	0.003 (1.697)
MKTLEV	0.085 (2.747)	0.100 (2.508)	0.008 (0.145)	0.236 (7.645)	0.241 (6.286)	0.144 (2.594)
LSH	−0.003 (−8.389)	−0.003 (−8.073)	−0.002 (−3.312)	−0.002 (−5.697)	−0.003 (−6.832)	−0.001 (−1.582)
ROA	−0.004 (−6.233)	−0.003 (−3.243)	−0.004 (−5.100)			
EBITM				0.033 (1.128)	0.110 (2.649)	−0.142 (−2.844)
TURNOVER	−0.659 (−63.923)	−0.608 (−46.048)	−0.701 (−39.535)	−0.668 (−57.669)	−0.605 (−41.710)	−0.728 (−34.908)
FD	0.001 (0.042)	−0.022 (−0.456)	0.076 (1.543)	−0.003 (−0.072)	0.025 (0.501)	−0.006 (−0.124)
MSH	−0.001 (−1.965)	−0.006 (−1.406)	−0.001 (−2.579)			
MSHCHG				−0.002 (−0.861)	−0.015 (−0.936)	−0.001 (−0.426)
VOL	0.000 (−0.970)	0.000 (−0.407)	0.000 (−0.719)			
BETA				−0.014 (−0.955)	−0.028 (−1.557)	−0.043 (−1.756)
调整 R^2	0.563	0.524	0.573	0.544	0.512	0.549
样本数	5 098	3 210	1 821	4 974	3 147	1 760

注：回归分为 2 组，每组由所有公司、国有公司和非国有公司 3 个样本组成。上一行数字为变量的系数，下一行括号为数字为 t 统计量。

(四)稳健性检验

本章进行了两种稳健性检验。第一种稳健性检验是剔除样本噪音之后的回归检验。对样本进行进一步筛选，剔除在 2006～2010 年反复在多元化经营和单一化经营两种状态变化的不确定公司，以避免这些样本公司可能给回归带来的噪声。对筛选后的样本进行多元线性回归，结果见表 4—7。

表 4—7　　总体样本多元回归结果

被解释变量：EV	样本总数 3 948			
解释变量	系数	标准差	t 统计量	概率
常数项	0.733 0	0.031 1	23.575 4	0.000 0
DD	−0.115 6	0.017 7	−6.521 3	0.000 0
CAPEXR	0.091 1	0.013 4	6.808 7	0.000 0
EBITM	−0.010 5	0.046 9	−0.224 5	0.822 3

续表

被解释变量:EV	样本总数 3 948			
解释变量	系数	标准差	t 统计量	概率
OWNERSHIP	0.085 4	0.015 3	5.584 6	0.000 0
MKTLEV	−1.277 3	0.042 5	−30.064 4	0.000 0
LSH	−0.001 3	0.000 5	−2.694 5	0.007 1
TURNOVER	−0.576 9	0.015 7	−36.743 3	0.000 0
FD	0.552 6	0.052 7	10.487 9	0.000 0
VOL	0.000 6	0.000 2	4.028 2	0.000 1
调整 R^2	0.445 2			

注:本表应用公司一年数据,对相对价值 EV 进行多元回归。

表 4—7 的结果与表 4—4 类似,除 EBITM 外,所有自变量的系数均显著不等于零。多元化哑变量的系数仍然显著为负,而第一大股东持股性质则显著为正,表明多元化损毁价值,但非国有性质却能提升公司价值。

第二个稳健性检验主要考虑自选择问题可能给研究结论带来的偏差。方法是应用面板数据对股权结构、多元化以及公司价值的影响进行讨论。我们选取 2006～2010 年的数据均能够通过第三章第一部分所给出的样本选择条件的公司,得到样本 598 个。

应用上述公司样本的面板数据,采取公司固定效应分析对 EV 进行回归,回归结果见表 4—8。

回归结果与之前的结论一致。多元化变量 DBH 对公司相对价值 EV 负显著,说明多元化程度的增强导致公司相对价值的下降;另一方面,OWNERSHIP 对于公司价值具有显著正面影响,代表在控制其他变量的情况下,非国有公司的相对价值高于国有公司;这也表明,虽然国有公司和非国有公司的多元化都在一定程度上损毁了公司价值,但显然国有公司多元化损毁价值更多。

表 4—8　　对所有样本面板数据进行固定效应多元回归的结果

变量	系数	t 统计量	概率	系数	t 统计量	概率	系数	t 统计量	概率	系数	t 统计量	概率
C	3.926	3.705	0.000	2.555	3.515	0.000	2.069	4.569	0.000	2.065	4.603	0.000
DBH	−0.171	−1.695	0.090	−0.170	−1.691	0.091	−0.173	−1.745	0.081	−0.166	−1.748	0.081
EBITM	0.354	4.518	0.000	0.340	3.856	0.000	0.279	3.135	0.002	0.300	3.539	0.000
OWNERSHIP	0.012	3.143	0.002	0.011	2.818	0.005	0.010	2.654	0.008	0.014	6.765	0.000
LNA	−0.184	−3.808	0.000	−0.110	−3.459	0.001	−0.081	−4.686	0.000	−0.079	−4.834	0.000
SGR				−0.013	−1.538	0.124	−0.014	−1.544	0.123	−0.011	−1.314	0.189
AGE				−0.026	−5.359	0.000	−0.032	−2.805	0.005	−0.031	−2.987	0.003
MKTLEV							−0.235	−1.182	0.238	−0.237	−1.204	0.229
FD										0.130	1.673	0.094

续表

变量	系数	t统计量	概率	系数	t统计量	概率	系数	t统计量	概率	系数	t统计量	概率
MSH										0.006	2.276	0.023
BETA										−0.062	−3.405	0.001
调整 R^2	0.662			0.666			0.668			0.669		
F统计量	10.751			10.877			10.940			10.970		
概率	0.000			0.000			0.000			0.000		

注：被解释变量为公司的相对价值EV，样本数据为2006～2010年的598个公司，总样本数为2 990个。回归采取公司固定效应。

四、股权性质与公司的多元化战略

与Fan(2008)及Lins & Su(2008)相同，本研究发现，相对于非国有公司的多元化，国有公司的多元化经营对公司价值产生了更大的负面影响；但前两者均认为，就总体样本而言，多元化经营有助于提升公司价值，这与本章第三部分的研究结果不同。这种差别可能来自于上述两个研究存在的以下不足：第一，在研究的样本方面，Fan(2008)及Lins & Su(2008)采用了股改之前的公司数据，由于当时大量非流通股份的存在，无法准确计算公司的市场价值，这直接影响到研究中被解释变量的计算；第二，在研究的变量方面，Fan(2008)在回归模型中采用公司介入的行业个数度量多元化程度，这与大多数研究采用的多元化指标(见第三章第二部分)不同，对于多元化的度量不准确；而Lins & Su(2008)直接采用了Tobin's Q度量多元化公司的价值，未将其与单一化公司做比较，对多元化公司价值的判断基准存在问题。本文的研究克服了上述的不足。

多元化损毁公司价值的结果说明：多元化对公司价值的负面效应超过了其正面效应，多元化带来的过高的代理成本仍然占据多元化效应的主要方面。LaPorter(2000)指出，在投资者保护较弱的国家，大股东和中小股东之间的代理问题是公司治理的主要矛盾。作为证据，Fan等(2010)发现，在中国公司中，股东的目标和动机对公司多元化战略的影响超越了管理层个人特质的影响。与之相同，本研究亦认为控股股东在公司经营决策上起到决定性作用。股权的金字塔结构，以及来自其他大股东的制衡的缺失，使得控股股东更有可能按照自身的意愿行事从而违背其他中小股东的利益。因此，中国上市公司中大股东与中小股东利益的冲突仍然严重，无论在国有还是非国有公司都是如此。上述观点可以在很多研究中国公司大股东掏空行为的文献中得到佐证(Jiang等，2005；

Liu & Lu，2007)。

那么在对国有和非国有公司分别进行检验时，为什么多元化对国有上市公司价值损毁高于非国有上市公司？鉴于多元化本质是企业的投资行为，下面分别从企业融资和投资两个角度考察不同控股股东造成影响的差异。我们认为，造成多元化对国有公司价值损毁程度高于非国有公司的原因有：宽松的资金来源导致国有上市公司多元化的正面效应不强；以及国有上市公司进行多元化投资的效率相对低下。

首先从资金来源的角度来看。表4－3中国有公司和非国有公司的负债率对比表明，国有上市公司的负债率明显高于非国有上市公司。而国有多元化公司的负债率却比国有单一化公司低，尽管这种差别不显著。以上结果说明整体而言国有上市公司资金较为充裕，因而公司没有借助于多元化提高财务杠杆。相比而言，非国有多元化公司的负债率明显高于非国有单一化公司，上升到了与国有多元化公司没有显著差别的水平，表明非国有公司可能借助多元化突破融资约束，提高杠杆率。

事实上，国有和非国有公司不仅在资金上，在其他可获得资源上都存在差异。国有公司拥有资金和政策扶持的优势。Faccio (2006)指出，政治关联给公司带来的诸多好处包括：从其他国有企业处，如国有银行、生产要素生产厂家，优先获得资源；税收优惠；优先获得政府订单；对竞争对手更严格的管制或对出现问题的政府关联企业的从轻监管；等等。由于国有上市公司的经营环境相对来说比较宽松，通过外部市场获得各种资源的成本相对较低，因而通过建立内部市场获取低成本资源的动机不强。非国有控股的公司除了在技术上不处于弱势外，其他方面与国有公司相比，都处于不利地位。它们面临更严格的市场准入和地方政府保护主义，更高的融资成本以及更恶劣的市场环境。多元化可以帮助非国有企业降低融资成本，绕开市场壁垒。因而多元化对于非国有公司具有更强的正面效应。

虽然国有公司拥有资源优势和更好的政策扶持，而多元化客观上也提高了资产的使用效率，但数据表明，国有公司包括多元化的国有公司并未将这种优势转化为更高的利润率，也因此未得到市场价值的提高。

接下来，为了考察不同控股股东的企业在多元化投资效率方面的差异，我们将2006～2010年从单一化经营转化为多元化经营的公司挑选出来，将之分为国有控股股东和非国有控股股东两大类，看这两类公司进入哪些新行业，以及在这些新行业中的具体表现如何。

在2006～2010年期间进行多元化投资决策的公司挑选标准是：

(1)连续三年的多元化哑变量(DD)为0，1，1；

(2)这三年中没有发生重大重组事件；

(3)各年的行业数据没有缺失。

根据条件(1)能挑选出考察期间经营策略发生转变，并在随后保持一定稳定性的公司。通过挑选，我们得到了共计128个公司，149个样本(个别公司进入两个新行业)；其中，非国有公司49个，进入55个新行业；国有公司79个，进入94个新行业。值得注意的是，非国有公司样本进入房地产行业的有16个，国有公司有11个，分别占到同类公司样本总数的29.1%及11.8%。由于进入房地产行业的公司比例较高，也由于这一行业的特殊性，我们在分析中将给予特别关注。表4—9对国有公司与非国有公司实施多元化战略时新进入行业的情况进行了比较。

表4—9　实施多元化的国有和非国有上市公司选择的投资机会和经营效益对比

第一部分　单一化公司转变为多元化公司时新进入行业的加权平均Tobin's Q值

	企业个数	进入新行业数量	Tobin's Q计算时间	多元化前一年			多元化当年		
			多元化时间	2007	2008	2009	2007	2008	2009
国有公司	79	94	全部新进入行业	1.699	3.251	1.509	3.292	1.517	2.668
			新进入行业(扣除房地产)	1.702	3.286	1.541	3.325	1.546	2.752
非国有公司	49	55	全部新进入行业	1.720	3.443	1.519	3.418	1.590	2.644
			新进入行业(扣除房地产)	1.744	3.684	1.574	3.664	1.746	2.778

第二部分　单一化公司转变为多元化公司时新进入行业的毛利率在该行业的位置

	企业个数	进入新行业数量	多元化后一年在新进入行业中的毛利率			
			高于行业中位数	位于最低的1/3	位于中间的1/3～2/3	位于最高的1/3
国有企业	79	94	28.0%	60.2%	19.4%	20.4%
非国有企业	49	55	43.6%	49.1%	18.2%	32.7%

注：表中的Tobin's Q的加权平均值以新进入行业的公司数为权重计算，行业Tobin's Q值为该行业单一化经营公司的行业中位数；行业毛利率值为该行业单一化经营公司的行业中位数。

第一部分显示了两类公司在实行多元化战略时选择的投资机会。在实行多元化策略的前一年及当年，非国有公司选择的新行业的Tobin's Q值大多高于国有公司，表明非国有公司更注重投资机会的挑选。去除房地产行业后国有与非国有上市公司新进入行业Tobin's Q的差值进一步拉大，也证明非国有公司更愿意进入投资机会更好的行业。

我们试图从控股股东的动机出发，理解国有和非国有企业在投资目标的选择上存在的差异：国有持股股东的动机和追求的目标与政治利益有紧密关系(Shleifer & Vishny，1994)，政府以控股股东的身份对国有企业的经营加以管理是其实现政治经济及社会目标的一种重要的间接途径；因此，国有公司很有可能偏离经济目标，追求社会效益和政治目标。例如，国有企业可能并购那些在市场上不能继续生存的企业，减少失业

(Shieh,1999);政府也可以依靠推动兼并重组建立起大型企业集团,以期复制日本韩国的成功经验,增强企业在国际国内市场上的竞争力(Delios, Zhou & Xu, 2008)。这些出于非经济目标的行为降低了企业投资效率,侵害了中小股东的利益。相对而言,非国有控股股东不需要追求政府目标,有更好的动机和能力追求利润,挖掘投资机会。虽然同国有上市公司一样,非国有公司也存在大小股东之间的代理问题,但由于在全流通条件下大股东可以通过减持实现收益,所以大股东追求公司价值最大化的动机比国有企业要强。

表 4—9 第二部分比较各个公司新进入行业的毛利润率,以分析两类公司在新进入行业的经营效率。第二部分数据表明,非多元化公司的毛利润率高于行业毛利润率的比例为 43.6%,而国有多元化公司在新行业的利润情况远远落后,高于行业毛利润率的只有 28.0%。进一步地,将各公司在新行业的毛利率水平在行业内排序,我们发现位于最低 1/3 区间内的国有公司占比远大于非国有公司在该区间的分布比例,而在最高1/3区间的国有公司比例比非国有公司低。以上数据表明国有公司在新行业中的运营有较大问题。可能是并购的新单位质量太差,也可能是国有公司在新行业中的经营不善。如果是前一种原因,那么并购质量低劣的单位可能出于国有企业追求非经济目标;而如果是后一种原因,国有公司的经营管理可能存在较大问题。无论何种原因,国有公司在新行业中的业绩相对较差是不争的事实。

总之,从投资效率来看,国有公司进行多元化时,无论是在投资机会的选择上还是在新项目的经营业绩上,都落后于非国有公司。

五、总　结

本章选取了 2006~2010 年完成股改的 A 股上市公司为研究对象,实证检验了股权性质、多元化战略与公司价值之间的关系。实证结果表明,多元化战略对公司价值有损毁,但其损毁程度受到了控股股东的影响,国有公司的价值损毁程度高于非国有上市公司;其原因一是多元化对国有公司的正面激励不强,二是非国有公司实施多元化战略时进入了投资机会更好的行业,而且在新行业中的业绩好于国有公司。国有控股股东追求非经济目标以及国有企业经营管理不善可能是造成这一状况的主要原因。

附表 4—1　　**全样本、国有和非国有公司子样本各变量间的相关性检验**

1. 全样本各变量间的相关系数

	EV	EA	DD	DBH	LNA	LNS	CAPEXR	SGR	AGE	EBITM	OWNERSHIP	MKT LEV	LSH	ROA	ROE	TURNOVER	FD	MSH	MSHCHG	VOL	BETA
EV	1.00	0.73	0.00	0.01	-0.27	-0.53	0.31	-0.04	-0.08	0.19	0.12	-0.32	-0.08	0.02	-0.04	-0.50	0.09	0.11	-0.03	0.05	-0.04
EA	0.73	1.00	0.05	0.07	-0.02	-0.41	0.41	-0.10	0.00	0.14	0.02	0.03	-0.12	-0.17	-0.05	-0.72	0.02	0.00	-0.03	-0.04	0.01
DD	0.00	0.05	1.00	0.91	-0.05	-0.09	0.03	-0.04	0.17	-0.01	0.00	0.03	-0.11	-0.05	0.01	-0.09	0.01	-0.12	0.03	0.03	0.00
DBH	0.01	0.07	0.91	1.00	-0.05	-0.10	0.05	-0.04	0.20	0.00	-0.01	0.04	-0.11	-0.04	0.02	-0.12	0.00	-0.13	0.03	0.03	0.00
LNA	-0.27	-0.02	-0.05	-0.05	1.00	0.86	0.08	0.07	0.15	0.15	-0.27	0.39	0.27	0.08	0.05	-0.03	-0.13	-0.17	0.04	-0.07	0.18
LNS	-0.53	-0.41	-0.09	-0.10	0.86	1.00	-0.18	0.08	0.11	-0.04	-0.25	0.34	0.26	0.12	0.05	0.42	-0.12	-0.15	0.04	-0.04	0.13
CAPEXR	0.31	0.41	0.03	0.05	0.08	-0.18	1.00	-0.08	-0.05	0.28	-0.02	-0.04	-0.02	0.01	0.01	-0.35	-0.02	0.00	-0.01	-0.04	0.00
SGR	-0.04	-0.10	-0.04	-0.04	0.07	0.08	-0.08	1.00	-0.01	0.08	0.05	0.03	0.12	0.12	0.05	0.03	-0.05	0.01	0.03	0.12	0.01
AGE	-0.08	0.00	0.17	0.20	0.15	0.11	-0.05	-0.01	1.00	-0.02	-0.23	0.14	-0.15	-0.08	0.00	0.01	0.05	-0.42	0.12	0.02	0.04
EBITM	0.19	0.14	-0.01	0.00	0.15	-0.04	0.28	0.08	-0.02	1.00	0.02	-0.17	0.11	0.65	0.28	-0.23	-0.25	0.06	0.00	-0.01	0.00
OWNERSHIP	0.12	0.02	0.00	-0.01	-0.27	-0.25	-0.02	0.05	-0.23	0.02	1.00	-0.15	-0.17	0.07	0.02	-0.03	0.04	0.37	-0.09	0.01	-0.11
MKTLEV	-0.32	0.03	0.03	0.04	0.39	0.34	-0.04	0.03	0.14	-0.17	-0.15	1.00	0.02	-0.28	-0.04	-0.01	0.08	-0.19	0.08	-0.03	0.09
LSH	-0.08	-0.12	-0.11	-0.11	0.27	0.26	-0.02	0.12	-0.15	0.11	-0.17	0.02	1.00	0.11	0.03	0.04	-0.07	-0.09	0.02	0.02	0.07
ROA	0.02	-0.17	-0.05	-0.04	0.08	0.12	0.01	0.12	-0.08	0.65	0.07	-0.28	0.11	1.00	0.32	0.13	-0.27	0.10	-0.02	0.00	-0.07
ROE	-0.04	-0.05	0.01	0.02	0.05	0.05	0.01	0.05	0.00	0.28	0.02	-0.04	0.03	0.32	1.00	0.02	-0.16	0.02	0.00	0.00	-0.02
TURNOVER	-0.50	-0.72	-0.09	-0.12	-0.03	0.42	-0.35	0.03	0.01	-0.23	-0.03	-0.01	0.04	0.13	0.02	1.00	0.01	-0.03	0.02	0.04	-0.06
FD	0.09	0.02	0.01	0.00	-0.13	-0.12	-0.02	-0.05	0.05	-0.25	0.04	0.08	-0.07	-0.27	-0.16	0.01	1.00	-0.04	0.01	0.01	-0.07
MSH	0.11	0.00	-0.12	-0.13	-0.17	-0.15	0.00	0.01	-0.42	0.06	0.37	-0.19	-0.09	0.10	0.02	-0.03	-0.04	1.00	-0.14	-0.02	-0.07
MSHCHG	-0.03	-0.03	0.03	0.03	0.04	0.04	-0.01	0.03	0.12	0.00	-0.09	0.08	0.02	-0.02	0.00	0.02	0.01	-0.14	1.00	0.01	0.04
VOL	0.05	-0.04	0.03	0.03	-0.07	-0.04	-0.04	0.12	0.02	-0.01	0.01	-0.03	0.02	0.00	0.00	0.04	0.01	-0.02	0.01	1.00	0.16
BETA	-0.04	0.01	0.00	0.00	0.18	0.13	0.00	0.01	0.04	0.00	-0.11	0.09	0.07	-0.07	-0.02	-0.06	-0.07	-0.07	0.04	0.16	1.00

2. 非国有子样本各变量间的相关系数

	EV_p	EA_p	DD	DBH	LNA	LNS	CAPEXR	SGR	AGE	EBITM	MKT LEV	LSH	ROA	ROE	TURN OVER	FD	MSH	MSH CHG	VOL	BETA
EV_p	1.00	0.68	-0.02	-0.01	-0.26	-0.54	0.32	-0.03	-0.02	0.15	-0.27	-0.06	-0.01	-0.06	-0.48	0.11	0.08	-0.01	0.03	-0.07
EA_p	0.68	1.00	0.08	0.10	0.04	-0.42	0.40	-0.09	0.05	0.06	0.07	-0.12	-0.19	-0.12	-0.73	0.02	-0.04	-0.03	-0.07	0.04
DD	-0.02	0.08	1.00	0.91	0.03	-0.03	0.01	-0.06	0.26	-0.03	0.15	-0.10	-0.07	0.02	-0.10	0.04	-0.22	0.04	-0.01	0.02
DBH	-0.01	0.10	0.91	1.00	0.05	-0.03	0.02	-0.06	0.30	-0.04	0.16	-0.13	-0.07	0.03	-0.13	0.03	-0.23	0.05	0.01	0.04
LNA	-0.26	0.04	0.03	0.05	1.00	0.83	0.06	0.09	0.15	0.14	0.36	0.19	0.06	0.03	-0.04	-0.17	-0.15	0.04	-0.04	0.17
LNS	-0.54	-0.42	-0.03	-0.03	0.83	1.00	-0.20	0.07	0.07	0.00	0.28	0.20	0.13	0.06	0.45	-0.15	-0.12	0.04	-0.01	0.09
CAPEXR	0.32	0.40	0.01	0.02	0.06	-0.20	1.00	-0.08	-0.03	0.17	-0.10	-0.09	-0.01	-0.04	-0.33	-0.04	0.02	-0.01	-0.03	0.04
SGR	-0.03	-0.09	-0.06	-0.06	0.09	0.07	-0.08	1.00	0.03	0.08	0.04	0.18	0.08	0.05	-0.01	-0.04	-0.02	0.05	0.09	0.05

续表

AGE	−0.02	0.05	0.26	0.30	0.15	0.07	−0.03	0.03	1.00	−0.04	0.23	−0.18	−0.11	−0.01	−0.03	0.12	−0.55	0.14	0.05	0.08
EBITM	0.15	0.06	−0.03	−0.04	0.14	0.00	0.17	0.08	−0.04	1.00	−0.17	0.10	0.62	0.19	−0.19	−0.21	0.08	0.00	0.02	0.01
MKTLEV	−0.27	0.07	0.15	0.16	0.36	0.28	−0.10	0.04	0.23	−0.17	1.00	0.01	−0.28	−0.05	−0.07	0.15	−0.24	0.11	−0.03	0.11
LSH	−0.06	−0.12	−0.10	−0.13	0.19	0.20	−0.09	0.18	−0.18	0.10	0.01	1.00	0.11	0.04	0.07	−0.11	−0.03	0.00	0.08	0.04
ROA	−0.01	−0.19	−0.07	−0.07	0.06	0.13	−0.01	0.08	−0.11	0.62	−0.28	0.11	1.00	0.29	0.13	−0.23	0.10	−0.01	0.02	−0.08
ROE	−0.06	−0.12	0.02	0.03	0.03	0.06	−0.04	0.05	−0.01	0.19	−0.05	0.04	0.29	1.00	0.06	−0.19	0.02	0.00	0.00	−0.04
TURNOVER	−0.48	−0.73	−0.10	−0.13	−0.04	0.45	−0.33	−0.01	−0.03	−0.19	−0.07	0.07	0.13	0.06	1.00	0.03	−0.02	0.03	0.06	−0.11
FD	0.11	0.02	0.04	0.03	−0.17	−0.15	−0.04	−0.04	0.12	−0.21	0.15	−0.11	−0.23	−0.19	0.03	1.00	−0.08	0.02	−0.01	−0.09
MSH	0.08	−0.04	−0.22	−0.23	−0.15	−0.12	0.02	−0.02	−0.55	0.08	−0.24	−0.03	0.10	0.02	−0.02	−0.08	1.00	−0.12	−0.02	−0.06
MSHCHG	−0.01	−0.03	0.04	0.05	0.04	0.04	−0.01	0.05	0.14	0.00	0.11	0.00	−0.01	0.00	0.03	0.02	−0.12	1.00	0.02	0.05
VOL	0.03	−0.07	−0.01	0.01	−0.04	−0.01	−0.03	0.09	0.05	0.02	−0.03	0.08	0.02	0.00	0.06	−0.01	−0.02	0.02	1.00	0.27
BETA	−0.07	0.04	0.02	0.04	0.17	0.09	0.04	0.05	0.08	0.01	0.11	0.04	−0.08	−0.04	−0.11	−0.09	−0.06	0.05	0.27	1.00

3. 国有子样本各变量间的相关系数

	EV_s	EA_s	DD	DBH	LNA	LNS	CAPEXR	SGR	AGE	EBITM	MKT LEV	LSH	ROA	ROE	TURN OVER	FD	MSH	MSH CHG	VOL	BETA
EV_s	1.00	0.74	0.00	0.01	−0.25	−0.50	0.28	−0.07	−0.03	0.21	−0.31	−0.09	0.02	−0.04	−0.47	0.08	0.05	0.00	0.06	−0.03
EA_s	0.74	1.00	0.02	0.04	−0.03	−0.41	0.41	−0.13	−0.02	0.18	0.03	−0.14	−0.18	−0.02	−0.69	0.03	0.01	−0.01	−0.03	−0.01
DD	0.00	0.02	1.00	0.90	−0.10	−0.13	0.05	−0.02	0.11	0.01	−0.04	−0.11	−0.02	0.01	−0.09	−0.02	−0.01	0.00	0.06	−0.02
DBH	0.01	0.04	0.90	1.00	−0.10	−0.14	0.07	−0.03	0.13	0.02	−0.03	−0.11	−0.02	0.02	−0.11	−0.03	−0.01	0.00	0.05	−0.02
LNA	−0.25	−0.03	−0.10	−0.10	1.00	0.86	0.09	0.10	0.08	0.18	0.37	0.25	0.13	0.07	−0.05	−0.10	−0.06	0.00	−0.09	0.15
LNS	−0.50	−0.41	−0.13	−0.14	0.86	1.00	−0.20	0.13	0.06	−0.06	0.33	0.23	0.16	0.06	0.42	−0.09	−0.06	0.00	−0.06	0.12
CAPEXR	0.28	0.41	0.05	0.07	0.09	−0.20	1.00	−0.09	−0.08	0.35	−0.02	0.00	0.02	0.02	−0.37	0.00	0.03	−0.01	−0.05	−0.02
SGR	−0.07	−0.13	−0.02	−0.03	0.10	0.13	−0.09	1.00	−0.03	0.08	0.04	0.11	0.18	0.05	0.07	−0.08	0.01	−0.02	0.18	−0.01
AGE	−0.03	−0.02	0.11	0.13	0.08	0.06	−0.08	−0.03	1.00	0.01	0.05	−0.20	−0.03	0.02	0.02	0.02	−0.18	0.07	−0.01	−0.02
EBITM	0.21	0.18	0.01	0.02	0.18	−0.06	0.35	0.08	0.01	1.00	−0.19	0.13	0.67	0.27	−0.27	−0.30	0.03	0.01	−0.03	−0.01
MKTLEV	−0.31	0.03	−0.04	−0.03	0.37	0.33	−0.02	0.04	0.05	−0.19	1.00	−0.01	−0.32	−0.03	0.00	0.04	−0.06	0.03	−0.03	0.06
LSH	−0.09	−0.14	−0.11	−0.11	0.25	0.23	0.00	0.11	−0.20	0.13	−0.01	1.00	0.15	0.03	0.02	−0.04	−0.07	−0.01	−0.03	0.05
ROA	0.02	−0.18	−0.02	−0.02	0.13	0.16	0.02	0.18	−0.03	0.67	−0.32	0.15	1.00	0.33	0.15	−0.33	0.06	−0.01	−0.01	−0.04
ROE	−0.04	−0.02	0.01	0.02	0.07	0.06	0.02	0.05	0.02	0.27	−0.03	0.03	0.33	1.00	0.01	−0.15	0.01	0.00	0.01	−0.01
TURNOVER	−0.47	−0.69	−0.09	−0.11	−0.05	0.42	−0.37	0.07	0.02	−0.27	0.00	0.02	0.15	0.01	1.00	−0.01	−0.02	0.00	0.03	−0.04
FD	0.08	0.03	−0.02	−0.03	−0.10	−0.09	0.00	−0.08	0.02	−0.30	0.04	−0.04	−0.33	−0.15	−0.01	1.00	−0.02	0.00	0.02	−0.05
MSH	0.05	0.01	−0.01	−0.01	−0.06	−0.06	0.03	0.01	−0.18	0.03	−0.06	−0.07	0.06	0.01	−0.02	−0.02	1.00	−0.17	−0.01	−0.03
MSHCHG	0.00	−0.01	0.00	0.00	0.00	0.00	−0.01	−0.02	0.07	0.01	0.03	−0.01	−0.01	0.00	0.00	0.00	−0.17	1.00	0.00	−0.01
VOL	0.06	−0.03	0.06	0.05	−0.09	−0.06	−0.05	0.18	−0.01	−0.03	−0.03	−0.03	−0.01	0.01	0.03	0.02	−0.01	0.00	1.00	0.07
BETA	−0.03	−0.01	−0.02	−0.02	0.15	0.12	−0.02	−0.01	−0.02	−0.01	0.06	0.05	−0.04	−0.01	−0.04	−0.05	−0.03	−0.01	0.07	1.00

附表 4－2　　对国有公司子样本和非国有公司子样本的 EV 进行回归的结果

样本	非国有			国有			非国有			国有			非国有			国有		
	系数	t 统计量	概率	系数	t 统计量	概率	系数	t 统计量	概率	系数	t 统计量	概率	系数	t 统计量	概率	系数	t 统计量	概率
C	2.939	11.506	0.000	2.463	14.675	0.000	0.683	16.069	0.000	0.534	14.829	0.000	5.284	23.030	0.000	4.175	26.950	0.000
DD	−0.038	−1.601	0.110	−0.035	−5.278	0.000	−0.038	−1.607	0.108	−0.080	−4.399	0.000	−0.008	−0.340	0.734	−0.079	−4.196	0.000
LNA	−0.115	−9.215	0.000	−0.034	−11.640	0.000												
LNS													−0.253	−22.266	0.000	−0.203	−26.558	0.000
CAPEXR	0.192	9.275	0.000	0.113	10.110	0.000	0.166	7.873	0.000	0.100	8.164	0.000	0.264	12.772	0.000	0.178	15.272	0.000
AGE	0.006	2.247	0.025	0.000	0.120	0.905												
MKTLEV	−0.938	−13.340	0.000	−0.694	−13.440	0.000	−1.222	−19.356	0.000	−0.968	−21.196	0.000	−0.583	−8.263	0.000	−0.473	−8.817	0.000
LSH	0.001	1.514	0.130	0.000	−0.860	0.390	−0.001	−0.663	0.507	−0.002	−3.914	0.000	0.002	2.313	0.021	0.001	2.283	0.023
ROA	0.002	1.564	0.118	0.006	4.692	0.000							0.002	1.394	0.163	0.005	3.819	0.000
EBITM							0.014	0.226	0.822	0.162	3.203	0.001						
TURNOVER	−0.567	−25.338	0.000	−0.556	−32.266	0.000	−0.569	−24.732	0.000	−0.527	−30.112	0.000						
FD	0.477	7.556	0.000	0.377	5.949	0.000	0.601	9.589	0.000	0.421	6.592	0.000	0.258	3.920	0.000	0.294	4.379	0.000
MSH	0.002	2.187	0.029	0.004	0.903	0.367												
VOL	0.000	0.956	0.339	0.002	6.170	0.000	0.000	1.412	0.158	0.002	6.889	0.000						
BETA													−0.026	−0.830	0.407	0.104	4.298	0.000
调整 R^2	0.448			0.421			0.422			0.387			0.391			0.341		
样本量	1 841			3 257			1 841			3 257			1 841			3 257		

第五章　多元化与归核化决策的自选择特征及对公司价值的影响

公司的多元化以及归核化决策具有自选择特征，即公司是基于自身特点选择多元化或归核化经营。本章从动态视角出发，以 2006～2010 年经历多元化与归核化的 A 股上市公司为研究对象，对此问题展开讨论；并通过公司在转换行业投资策略前后的价值变化考察多元化对公司的影响。

一、公司多元化与归核化决策的自选择特征

公司投资的多元化是指公司从单一领域走向多元领域，而归核化是指从多元领域回归到单一核心业务。多元化或归核化都是公司自我选择的结果，无论哪种选择，股东都希望能够借此提升公司价值。

以往多元化策略对公司价值的影响大多采用时点研究的方法：将多元化公司看成是若干不同行业公司的投资组合，以这些行业经营的单一化公司的价值的中位数为比较基准，计算多元化公司的相对价值。基于该方法的多数实证研究发现了多元化折价，并将之归因于多元化经营折损企业价值。然而，根据 Matsasuka (2001) 的观点，公司的多元化决策具有自选择特征，在当前行业经营不善的公司更倾向于通过多元化获得在其他行业发展的机会，因此这些公司往往在多元化之前相对价值就比较低，从多元化折价现象不能简单导出多元化本身有损企业价值的结论。

由于多元化的自选择特征，前述多元化经营折损公司价值的研究结论可能存在偏差：在多元化之前这些公司的相对市场价值就可能较低，而多元化决策本身未必折损公司价值。基于这样的认识，多元化的价值影响研究主要通过两种途径深入。其一是仍然沿用上述横截面式的价值比较，但采用一定的金融计量方法控制自选择问题。另外一种途径转向关注公司组织结构的变化：以从单一化经营转变为多元化经营(即多元化)，或从多元化经营转变为单一化经营(即归核化)的公司为研究对象，分析

促使这些公司转换行业投资策略的原因,对比分析公司在变化前后业绩或效率的变化,从而考察多元化对公司的影响。这样的过程研究关注的是同一家公司在决策前后公司特性的变化,而非不同公司的横向比较,因而可以较好地控制自选择问题。

在对公司的多元化决策考察方面,Maksimovic & Phillips(2002)发现,单一化公司比在同行业运营的规模相当的多元化公司生产效率要高,两者面临的行业投资机会是不同的,原因在于:在某个行业生产效率较高的公司会将所有资源都配置在该行业,而生产效率相对低的公司会选择到别的行业寻找投资机会。Borghesi 等(2007)发现公司在多元化之前的五年内相对价值一直处于下降状态,这表明公司意图通过多元化改善公司经营状况;多元化前后价值对比结果显示,多元化之后公司价值进一步下降,而其中年轻上市公司的价值折损程度远高于多元化公司,笔者认为其原因在于市场普遍认为年轻公司应该拥有更好的投资机会,而公司的多元化行为表明这样的投资机会并不存在,或公司做了错误的战略选择。

对公司的归核化决策进行考察的逻辑在于:如果从多元化回归单一主业能够提高公司价值,可以反证出多元化经营有损公司价值;反之,则多元化经营不损害企业价值。实证表明,归核化决策同样存在自选择的可能性。Cloak & Whited(2007)发现做出归核化决策的公司与一般多元化公司相比规模更大、多元化程度更高、面临更严重的信息不对称问题,并且这些公司在归核化之前的利润超出市场预测。在归核化决策对公司价值影响的研究中,Dittmar & Shivdasani(2003)发现通过出售一部分资产,归核化决策能显著提高公司的投资效率,减少多元化折价,由此反证出多元化可能损毁公司价值。他们进一步证明减少管理层代理成本,以及通过出售部分资产获得需要的流动性是提高投资效率的主要原因。更多的归核化研究也得到了相同的结论(Gertner 等,2002;Ahn & Denis,2004)。

中国上市公司的多元化研究到目前为止大多采用静态的研究方法。张翼等(2005)在控制公司规模和公司年龄变量的基础上,发现多元化经营会降低公司绩效;洪道麟、熊德华(2006)认为包括规模、年龄、成长性等企业特征会对上市公司的多元化行为产生重要影响,多元化会损害企业绩效,在运用计量方法控制了内生性之后,这种损害会更加严重。也有少量的事件研究,洪道麟等(2006)以证券市场的并购事件为研究对象,考察了多元化对收购方业绩的影响。以上研究存在的主要问题是:一方面,评价的是多元化与公司业绩或市场表现的关系,而没有直接采用价值变量;另一方面,缺乏对多元化决策的过程认识。

本章采用多元化的动态研究方法，做了以下工作：判断中国上市公司多元化是否具有自选择特征；分析多元化决策前后公司重要特征的变化及其对相对价值的影响，对多元化是否折损公司价值做出判断；研究归核化公司的自选择特征以及公司价值的变化，作为对多元化研究的重要参考。本章对中国上市公司的多元化研究提供了新的思路和方法，是对国内该领域研究的重要补充。因为，与截面式研究相比，本章采取的动态式研究方法有以下显著特点：一方面，由于研究基于同一家公司的发展变化，避免了因为多元化公司和单一化公司不同质而引发的问题；通过观察公司在投资策略改变前后的特性变化，研究这些变化对公司价值的影响。另一方面，动态方法为多元化研究开拓了新的视野：公司投资具有双向性，不仅有企业从单一领域走向多元领域，而且有公司选择从多元化经营转变为单一化经营；作为多元化的反方向决策，归核化的动机及对价值的影响成为多元化研究的重要佐证，而在静态研究中无法做到这一点。因而，动态方法拓展了研究思路，弥补了截面式研究的不足，与后者一起构成对多元化的全方位认识。

二、数据、变量与研究方法

(一)研究数据

选择2006～2010年在上海及深圳上市的全流通A股上市公司为研究对象，在对公司进行样本筛选时，除了考虑第三章第一部分中的相关标准外，还剔除在此期间多元化特征发生变化次数超过1次的公司，因为这些公司大部分是由于经营的年度波动，造成某项业务比重在多元化与单一化的临界点上下变化，这种变化不代表行业投资策略的根本性改变，因而予以剔除。

经过筛选，我们得到1 020个样本公司，及其在5年里的相关数据。

(二)相关变量选取

采取之前的定义，第二大主营业务收入比重低于营业总收入10%的公司为单一化公司，多元化变量DD取0；反之，该公司为多元化公司，DD取1。

如果一个公司在考察期内的DD从0变成1，我们称其进行了多元化决策，如果公司在考察期内DD从1变动到0，定义这个公司进行了归核化决策；考察期间多元化哑变量DD一直为0的公司称作一直单一化公司，DD一直为1的公司称为一直多元化公司。2006～2010年期间实行多元化和归核化决策的公司是本章的研究对象，一直多元化和一直单一化公司为对照组。

根据2006～2010年的5年分行业财务数据分析，我们总共得到1 020个公司样本，其中有94家公司从单一化变成多元化经营，有112家公司从多元化转变为单一化经营；一直保持单一化的为741家，一直保持多元化的为185家公司。

(三)研究方法与模型

以往对于多元化折价分析的研究大多采取下面的模型：

$$EV_{it}=\delta_0+\delta_1 DD_{it}+\delta_2 X_{it}+e_{it} \tag{5-1}$$

这里，EV_{it}是公司i在t年的相对价值衡量，DD_{it}度量公司i在t年的多元化经营状态(或者采取DBH度量)，X_{it}是一系列公司控制变量。

从以往实证分析可以看出，多元化行为或许不是随机分布于公司当中，而存在自选择的可能。正如第二章第一部分所述，如果公司的多元化决策行为与某些没有观察到的公司特征相关，导致多元化经营变量DD_{it}与误差项e_{it}之间存在相关性，那么应用模型(5－1)进行回归得到的系数δ_1存在偏差，多元化折价或者溢价的结论就存在一定的问题。

为了规避自选择问题，本章采取动态视角研究多元化行为，分析决定公司是否进行多元化决策的因素，并讨论这些公司在多元化决策前后在公司价值方面的变化。

首先，对公司的多元化决策行为是否存在自选择进行考察。假定公司的多元化经营决策由下面的Logit模型决定：

$$\begin{aligned} &D_{it}^{*}=\beta Z_{i,t-1}+\mu_{it} \\ &D_{it}=1 \quad \text{if } D_{it}^{*}>0 \\ &D_{it}=0 \quad \text{if } D_{it}^{*}<0 \end{aligned} \tag{5-2}$$

这里，D_{it}^{*}是决定单一化公司i在t年是否进行多元化决策的变量，不可直接观察到；$Z_{i,t-1}$是决策前一系列影响这一决策的公司控制变量；我们可以观察到D_{it}，如果公司进行了多元化决策，那么$D_{it}=1$，否则为0。

应用上述模型分析公司的多元化决策行为的影响因素，特别地，我们分析公司在多元化之前的相对价值 EV 是否对多元化决策具有显著影响，以此判断公司的多元化是否为自选择行为。

类似地，建立下面的 Logit 模型分析公司的归核化决策行为：

$$\begin{aligned} &R_{it}^{*}=\gamma Z_{i,t-1}+\mu_{it} \\ &R_{it}=1 \quad \text{if } R_{it}^{*}>0 \\ &R_{it}=0 \quad \text{if } R_{it}^{*}<0 \end{aligned} \tag{5—3}$$

这里，R_{it}^{*} 是决定单一化公司 i 在 t 年是否进行归核化决策的变量，不可直接观察到；$Z_{i,t-1}$ 是决策前一系列影响这一决策的公司控制变量；我们可以观察到 R_{it}，如果公司进行了归核化决策，那么 $R_{it}=1$，否则为 0。

进一步，本章采取下述模型研究公司的多元化（归核化）决策行为对公司价值变化的影响，从而分析多元化（归核化）是否真正导致公司的价值损毁或增加：

$$\begin{aligned} &\Delta EV_{i,t}=\alpha_0+\alpha_1 D_{i,t}+\alpha_2 X_{i,t}+e_{i,t} \\ &\Delta EV_{i,t}=\beta_0+\beta_1 R_{i,t}+\beta_2 X_{i,t}+\varepsilon_{i,t} \end{aligned} \tag{5—4}$$

模型（5—4）研究公司的多元化（归核化）对于公司相对价值的变化的影响，而不是直接分析相对价值，从而控制公司决策的自选择特征；此外，不同于模型（5—1），模型（5—4）采取了动态的数据进行分析，由于多元化（归核化）对于公司的影响是一个长期的过程，采取动态模型更能够反映资本市场对相关公司的长期估值与公司多元化经营之间的关系。

三、多元化与归核化决策自选择特征的考察

表 5—1 是对一直多元化公司和一直单一化公司样本在不同时间的相对价值 EV 的描述。为了避免极值的影响，我们分析样本的中位数。显然，多元化公司的 EV 低于单一化公司，并且在大部分时间段里，多元化公司的 EV 小于 0，这在一定程度上验证了很多论文的多元化公司折价的论断。

表 5—1　　单一化与多元化公司 EV 的中位数：2006～2010 年

	2006 年	2007 年	2008 年	2009 年	2010 年
一直单一化公司	0.018 5	0.000 0	0.000 0	−0.006 1	−0.025 7
一直多元化公司	0.017 5	−0.005 0	−0.056 6	−0.036 7	−0.028 0

进一步，我们分析多元化公司与单一化公司在其他公司特征上是否存在差异；特别地，我们引入在此期间进行了多元化决策的公司，以及进行了归核化决策的公司，深入讨论多元化（归核化）决策前后公司的相关特征是否区别于同类公司。表5－2应用公司一年数据，给出了不同类型公司在所有年份里的相关特征方面的差异性。同样，出于对极值的考虑，我们主要关注样本的中位数。

公司特征变量中，EV为相对价值度量；LNS和LNA为公司规模衡量，分别以销售收入和资产的自然对数计算；DBH为衡量公司多元化程度的Berry-Herfindahl指数；ROA、ROE和EBITM分别为总资产收益率、净资产收益率、公司的息税前收益（EBIT）对销售收入之比，衡量公司的经营业绩；公司成长性指标有两个：收入增长率为公司过去3年销售收入的复合年增长率，CAPEXR为公司过去3年的资本投资现金流（CAPEX）之和对销售收入之比，在一定程度上反映公司的未来成长性；另用4个指标反映公司的股权结构，包括股权性质OWNERSHIP（1为民营，0为国有）、第一大股东持股比例LSH、机构持股比例ISH和关联交易AT（计算为向关联方销售产品及提供劳务金额与向关联方采购产品及接受劳务金额之和与营业总收入之比）；其他指标还包括公司的年龄AGE（公司上市日到样本计算日期的年数）、是否陷入财务困境FD（0－1变量，1为陷入财务困境，即公司为ST，特别处理公司，或者公司的净资产小于0）、公司的红利收益率DIVYD（每股现金红利对股价之比），以及公司负债率LEV（总负债与总资产之比）。

从市场表现看，一直单一化公司的EV要高于一直多元化的公司，但差异并不显著；而分析具体的经营业绩，由于均值受到极端值的影响较大，分析中位数的差异，显然单一化公司具有显著更高的利润率（EBITM）以及显著更高的资产收益率（ROA和ROE）。规模方面两者差异不显著，单一化公司销售收入大但总资产低；在成长性方面，过去收入的增长是单一化公司显著更高，但在未来投资方面，是多元化公司显著更高。公司治理方面，多元化公司具有显著更低的国有比例，同时更加分散的股权结构（第一大股东持股比例低），以及显著更低的关联交易，这在一定程度上表明多元化公司的治理水平更好，但另一方面，证券投资机构在多元化公司的投资也显著地低，这说明多元化公司缺少专业投资者提高公司治理水平。从财务风险的角度分析，多元化公司的负债率高于单一化公司；其他方面，多元化公司具有更长的年龄，以及更低的红利收益。这些特征与其他文献中多元化公司的一般特征相一致，对比数据反映出一直单一化公司与一直多元化公司在公司特征上存在显著差异。

进一步分析考察期间进行了多元化的公司。首先，数据也显示出进行多元化决策的公司具有一定的自选择特征：这些公司在多元化之前的很多特质已经与单一化公司有显著差异，而更靠近多元化公司，如介入更多的行业（DBH 更高）、更高的负债率、更长的经营年龄、更少的机构持股、更低的红利收益率；此外，在多元化决策前，这些公司的财务困境虚拟变量值也显著高于单一化公司，在一定程度上说明多元化行为可能是陷入财务困境公司的自救行为。其次，就多元化决策而言，多元化前后公司的各项变化不大：市场表现上，多元化决策后公司 EV 的中位数由之前的 0.096 降低为之后的 −0.039，在一定程度上说明多元化可能存在价值损毁效应，但差异并不显著；而在业绩、成长性等方面，多元化决策对于公司的影响都比较小。显著的差异体现在两个方面：一是规模显著增大，二是财务困境程度降低，这说明多元化决策使公司做大而非做强，同时也仅仅是缓解财务困境的资本运营手段。最后，我们还能看出，多元化决策后的公司在很多方面仍然与一直多元化的公司具有显著差异，如过去的收入增长更高而未来成长进行的投资更低，具有更高的 ROA、ROE，大股东持股更多，这些特点表明这些公司具有更接近于单一化公司的特征。

最后来看进行了归核化决策的公司。表 5—2 的数据显示，在归核化前，它们的 EV 就显著高于其他一直多元化经营的公司，而在归核化之后，它们的 EV 也没有显著上升或者下降。数据同样揭示出归核化公司具有的自选择特征：这些公司在归核化决策之前，就体现出不同于其他一直多元化经营公司的特质，这些公司具有更小的规模（资产、销售收入），介入更少的行业经营，更低的收入增长率，更高的负债率，更少的机构持股和更低的红利收益率。而在归核化之后，这些公司同样有一些显著变化，如规模增加、利润率 EBITM 增加、资产收益率 ROE 提高、财务困境程度下降，但另一方面，归核化后公司治理情况变差，大股东持股量显著提高，关联交易占比也显著增加。

表 5—2 的对比结果说明，多元化公司与单一化公司在诸多公司特征上存在差异，而采取多元化决策（归核化决策）的公司在决策行为之前与同类公司的比较表明，多元化（归核化）行为可能是公司基于自身特点的选择结果。

表 5－2　　不同的多元化策略下公司特质的非参数检验

变量	市场表现		规模				多元化程度		成长性			
	EV		LNS		LNA		DBH		收入增长率		CAPEXR	
	均值	中位数	均值	中位数	均值	中位数	均值	中位数	均值	中位数	均值	中位数
一直单一化	0.062	0.000	20.982	20.903	21.430	21.240	0.015	0.000	0.221	0.149	0.552	0.273
一直多元化	0.020	－0.020	20.823	20.887	21.459	21.441	0.456	0.469	0.126	0.117	0.627	0.316
与一直单一化公司的差异	0.269	0.457	0.009	0.761	0.573	0.000	0.000	0.000	0.015	0.002	0.327	0.000
进行多元化决策的公司												
多元化之前	0.093	0.096	20.658	20.793	21.141	21.155	0.047	0.000	0.367	0.140	0.524	0.273
与一直单一化公司的差异	0.673	0.203	0.005	0.164	0.002	0.336	0.000	0.000	0.087	0.683	0.844	0.970
多元化之后	－0.036	－0.039	21.020	21.076	21.474	21.477	0.381	0.387	0.202	0.154	1.589	0.249
与一直多元化公司的差异	0.399	0.607	0.064	0.075	0.859	0.809	0.000	0.000	0.007	0.040	0.029	0.074
与多元化之前的差异	0.118	0.234	0.009	0.038	0.002	0.041			0.278	0.602	0.211	0.599
进行归核化决策的公司												
归核化之前	0.373	0.343	20.342	20.312	21.079	20.956	0.390	0.380	0.163	0.067	0.788	0.321
与一直多元化公司的差异	0.000	0.000	0.000	0.000	0.000	0.000	0.000	0.000	0.530	0.014	0.138	0.684
归核化之后	0.451	0.229	20.613	20.657	21.429	21.467	0.059	0.005	0.548	0.078	0.692	0.331
与一直单一化公司的差异	0.000	0.000	0.001	0.004	0.986	0.058	0.000	0.000	0.001	0.001	0.283	0.142
与归核化之前的差异	0.364	0.198	0.041	0.003	0.002	0.001			0.172	0.700	0.425	0.765

续表

变量	业绩						财务风险			
	ROA		ROE		EBITM		负债率		财务困境	
	均值	中位数	均值	中位数	均值	中位数	均值	中位数	均值	中位数
一直单一化	7.417	0.054	0.029	0.087	35.769	0.094	0.575	0.490	0.035	0.000
一直多元化	0.053	0.041	0.092	0.061	0.109	0.087	0.521	0.508	0.025	0.000
与一直单一化公司的差异	0.610	0.000	0.630	0.000	0.602	0.081	0.520	0.020	0.125	0.125
进行多元化决策的公司										
多元化之前	0.060	0.051	−0.587	0.077	0.167	0.098	0.573	0.530	0.066	0.000
与一直单一化公司的差异	0.798	0.336	0.057	0.492	0.794	0.676	0.988	0.013	0.016	0.016
多元化之后	0.051	0.051	0.098	0.091	0.124	0.098	0.571	0.547	0.032	0.000
与一直多元化公司的差异	0.922	0.005	0.916	0.000	0.570	0.391	0.106	0.250	0.533	0.533
与多元化之前的差异	0.356	0.961	0.365	0.367	0.100	0.961	0.967	0.367	0.099	0.099
进行归核化决策的公司										
归核化之前	0.037	0.039	0.074	0.056	0.127	0.089	0.606	0.552	0.080	0.000
与一直多元化公司的差异	0.366	0.490	0.737	0.690	0.664	0.485	0.007	0.053	0.000	0.000
归核化之后	−0.080	0.040	0.097	0.076	0.157	0.122	0.857	0.515	0.037	0.000
与一直单一化公司的差异	0.775	0.000	0.777	0.019	0.780	0.019	0.087	0.077	0.871	0.871
与归核化之前的差异	0.493	0.493	0.722	0.044	0.812	0.014	0.263	0.170	0.031	0.031

续表

变量	股权结构/公司治理								其他			
	股权性质		大股东持股		机构持股		关联交易		红利收益率		年龄	
	均值	中位数	均值	中位数	均值	中位数	均值	中位数	均值	中位数	均值	中位数
一直单一化	0.415	0.000	36.644	35.680	28.165	21.841	0.162	0.011	0.006	0.002	7.297	8.000
一直多元化	0.338	0.000	33.098	30.310	23.013	17.264	0.065	0.001	0.004	0.000	9.792	10.000
与一直单一化公司的差异	0.000	0.000	0.000	0.000	0.000	0.002	0.402	0.000	0.000	0.000	0.000	0.000
进行多元化决策的公司												
多元化之前	0.367	0.000	34.996	33.060	21.411	14.335	0.408	0.006	0.006	0.000	8.761	10.000
与一直单一化公司的差异	0.174	0.248	0.139	0.221	0.000	0.003	0.291	0.126	0.986	0.075	0.000	0.000
多元化之后	0.396	0.000	35.596	34.720	34.499	29.776	1.035	0.008	0.004	0.000	10.839	12.000
与一直多元化公司的差异	0.108	0.108	0.035	0.023	0.000	0.000	0.000	0.037	0.473	0.234	0.001	0.000
与多元化之前的差异	0.000	0.000	0.651	0.421	0.000	0.000	0.209	0.597	0.009	0.099		
进行归核化决策的公司												
归核化之前	0.434	0.000	31.854	28.420	17.264	8.722	0.085	0.000	0.004	0.000	9.536	10.000
与一直多元化公司的差异	0.004	0.004	0.252	0.167	0.000	0.000	0.255	0.062	0.502	0.039	0.381	0.870
归核化之后	0.391	0.000	35.975	33.130	28.808	27.361	0.424	0.002	0.003	0.000	11.683	12.000
与一直单一化公司的差异	0.464	0.627	0.519	0.043	0.695	0.036	0.233	0.067	0.000	0.000	0.000	0.000
与归核化之前的差异	0.000	0.000	0.003	0.007	0.000	0.000	0.003	0.011	0.039	0.348		

注：本表应用公司一年数据，按照多元化策略，对不同类型的公司的相关特征的差异性进行检验。所有样本均采用均值与中位数分析。差异的显著性是按照 t 值(均值)或者 Ch. Square 值(中位数)计算的概率。

四、多元化与归核化决策的实证结果与分析

对中国A股上市公司2006～2010年的数据进行实证研究。将样本公司按照初始状态(2006年)的多元化经营状况分为两类:初始为单一化经营公司的为一类,初始为多元化经营公司的为另一类,分别分析单一化(多元化)经营公司进行多元化(归核化)决策的影响因素,以及多元化(归核化)决策对公司相对价值的长期影响。

(一)公司多元化决策的Logit分析

首先讨论影响公司进行多元化决策的因素。

公司的基本面特征是决定是否进行多元化决策的主要因素:如果公司当前的经营业绩比较差,那么就可能通过多元化进入其他效益更好的行业,我们用总资产收益率ROA、净资产收益率ROE,以及息税前收益对销售收入的比率EBITM来度量公司当前的经营业绩;同时,对目前经营行业比较满意的公司进行多元化的概率较小,这类公司通常具有比较高的收入增长率(SGR),以及会进行更多的投资(资本投资对销售收入的比率CAPEXR)。经营时间越长的公司越趋于成熟,可能由于收入增长率低而且对未来投入少,也就越容易进行多元化。

对于上市公司的经营,资本市场同样具有很重要的作用:一方面,不同的公司股权结构对公司经营决策会产生不同的影响,这里我们将分析大股东性质OWNERSHIP、大股东持股比率LSH、机构持股比率ISH、所有股东的平均持股比率ASH,以及关联交易占销售收入的比率AT;另一方面,公司股票价格的市场表现也可能对公司产生一定的作用,对于市场表现比较差的公司(相对价值EV更低),管理层越有可能通过类似多元化这样的资本运营手段提高股票的市场价格。[①]

本章研究影响公司多元化决策的因素。我们选取在2006～2009年[②]为单一行业经营的公司,共得到公司一年样本3 379个,表5－3是对

---

① 中国资本市场对题材股具有偏好,在不同时期扩张到采矿、房地产等行业的股票均获得溢价。

② 该LOGIT分析的被解释变量为公司是否选择多元化,2009年样本对应的被解释变量是公司在下一年(即2010年)是否进行多元化。

这些样本的描述性统计，变量定义如前所述。

从样本的数据看，这些公司虽然属于单一行业经营，表现为第二大行业的收入占比低于10%，但是一些公司在第一大行业之外的发展已经达到了一定程度，最高的公司其多元化 Berry-Herfindahl 指数达到了0.347。此外，样本公司的相对价值大多大于0。而在代表公司经营效益的指标方面，ROA、ROE，以及 EBITM 的偏度都很大，代表样本数据可能存在极值，中位数基本在5%到10%之间，说明大多数公司的经营情况正常。公司的负债率 LEV 也存在较高的偏度。公司在成长性方面同样有很大的差别。这些单一行业经营的公司的平均上市长度为接近8年，红利收益率普遍较低，资本利得是市场投资者获得收益的主要来源。

表5—3　　单一行业经营公司样本的描述性统计

	均值	中位数	最大值	最小值	标准差	偏度	峰度
DBH	0.018	0.000	0.347	0.000	0.044	2.997	12.653
EV	0.122	0.026	12.639	−3.179	0.956	2.729	26.333
LNA	21.511	21.323	28.136	10.842	1.316	0.578	5.436
LNS	21.031	20.956	28.013	9.310	1.596	−0.084	5.390
ROA	7.516	0.053	25 225.060	−3.529	433.948	58.103	3 376.999
ROE	−0.063	0.086	11.632	−167.107	4.289	−35.413	1 350.502
EBITM	34.774	0.092	116 777.200	−90.541	2 008.935	58.102	3 376.919
SGR	0.258	0.150	40.309	−0.982	1.253	25.328	750.438
CAPEXR	0.570	0.288	95.672	−0.008	2.126	32.940	1 342.733
LSH(%)	37.552	36.240	86.420	3.640	15.091	0.375	2.659
ISH(%)	28.931	23.098	486.253	0.000	26.111	2.150	29.989
ASH (%)	0.049	0.035	0.380	0.000	0.045	2.200	10.311
AT	0.183	0.013	198.371	−0.047	3.433	56.992	3 289.685
OWNERSHIP	0.397	0.000	1.000	0.000	0.506	0.614	1.837
FD	0.033	0.000	1.000	0.000	0.177	5.268	28.752
LEV	0.576	0.495	142.718	0.000	2.503	54.332	3 079.857
DIVYD	0.006	0.002	0.097	0.000	0.010	2.640	12.979
AGE	7.654	8.000	20.000	0.000	4.746	0.003	1.905

在附表5—1中我们计算了这些变量的相关性，之后对公司多元化决策进行 Logit 分析。变量相关系数见附表5—1，Logit 回归结果见表5—4。被解释变量为公司在下一年是否进行多元化决策，如果是就取1，否则为

0。解释变量度量公司的当前特征，所有变量的定义如前所述。

表 5—4　　公司多元化决策的 Logit 回归检验

	变量	系数	概率	系数	概率	系数	概率
常数项	C	3.899	0.013	3.320	0.031	3.510	0.036
多元化程度	DBH	10.033	0.000	9.771	0.000	10.031	0.000
市场表现变量	EV	−0.137	0.140	−0.348	0.002	−0.123	0.147
规模变量	LNA	−0.327	0.000			−0.326	0.000
	LNS			−0.308	0.000		
业绩变量	ROA	0.000	0.985			−0.001	0.818
	ROE			−0.015	0.092		
	EBITM						
成长性变量	SGR	0.066	0.033	0.056	0.069	0.060	0.051
	CAPEXR	0.030	0.530				
股权结构变量	LSH	−0.006	0.237				
	ISH			−0.009	0.009		
	ASH					1.114	0.531
其他变量	OWNERSHIP	−0.221	0.164	−0.202	0.200	−0.193	0.216
	AT	0.008	0.483	0.005	0.628	0.008	0.456
	FD	0.483	0.161	0.390	0.212	0.394	0.209
	LEV	−0.063	0.593	10.650	0.131	10.848	0.126
	DIVYD	11.263	0.113				
	AGE	0.044	0.011	0.046	0.006	0.049	0.004
	对数似然值		−759.004		−751.267		−759.771
	McFadden R^2		0.071		0.079		0.070
	样本		3 427.000		3 414.000		3 427.000

表 5—4 显示，DBH 变量显著正相关，说明已经在较小程度上介入多个行业经营的公司具有多元化扩张的可能；而 EV 显著为负，证明了多元化决策的自选择特征：在单一化经营期价值损毁的公司更愿意进行多元化决策；而另一方面，小规模的公司进行多元化决策的概率更高，在一定程度上说明小公司通过多元化扩张的概率大，而大公司可能更愿意进行横向扩张而非多元化扩张。

业绩较差的公司愿意进行多元化以进入更好的行业发展，但仅有 ROE 变量显著；成长性方面存在疑惑：收入增长率（SGR）高的公司具有

更高的多元化概率，且非常显著，但 CAPEXR 不显著，或许说明虽然增长率高，但这些公司并不对未来看好进行继续投资，反而投入其他行业进行多元化。第一大股东持股比例对多元化决策无显著影响，而机构持股多的公司进行多元化决策的概率较低，这可能表明机构投资人改变公司投资策略的意愿不强；后面部分的归核化决策的 LOGIT 回归验证了这一点。此外，上市时间越长的公司进入多元化领域的可能性越大，进一步表明在成长机会方面遇到问题的公司更愿意进入新的业务领域。

(二)公司多元化决策对公司价值的影响分析

根据上述讨论，多元化公司的折价现象具有内生性：在多元化之前它们的相对价值就比较低，公司在成长机会或业绩方面遇到问题。为了分析多元化决策对公司价值的影响，我们采取模型(5—4)，分析多元化决策前后公司相对价值的变化。这里的研究样本为 2006 年单一化经营的公司，这些公司到 2010 年期间，或者一直保持单一化经营，或者变为多元化经营并一直保持，共有 560 个样本。我们剔除了反复变化的公司。

分析保持单一化经营与转变为多元化经营的两组公司发生的变化。表 5—5 分析了它们市场价值(EV)的变化、经营绩效(ROE)的变化、规模(LNS)的变化以及股东结构(LSH)的变化，并分析两组公司相关变量变化的差异显著程度。

表 5—5　　保持单一化经营与进行多元化决策的公司相关指标的变化

	EV 变化		ROE 变化		LNS 变化		LSH 变化	
	均值	中位数	均值	中位数	均值	中位数	均值	中位数
保持单一化	0.143	−0.190	0.160	0.003	0.571	0.569	−0.817	−0.650
进行多元化	−0.333	−0.244	0.029	0.029	0.667	0.753	0.522	0.000
差异显著性	0.102	0.477	0.852	0.051	0.392	0.051	0.392	0.007

从表 5—5 可以看出，与一直保持单一化的公司相比，进行了多元化决策的公司发生的变化比较大：以中位数衡量，EV 下降了 0.224，ROE 上升了 0.029，销售收入的对数上升了 0.753，其中后面两者的变化都显著区别于单一化公司的变化。

进一步讨论影响相对价值变化的因素。下面做回归分析，被解释变量为公司 2006～2010 年的相对价值的变化。在解释变量中，如果公司在 2010 年为多元化经营，则 DIVERDUMMY 取值为 1，代表公司在 2006 年之后进行了多元化决策，否则为 0；DIVERYEAR 为公司进行多元化经营的年数，如果公司一直保持单一化，则取值为0；其余变量的定义同表5—3，下标06代表变量的期初值，CHG表示变量从2006年到2010年的变化量。对于这些变量的描述性统计见表5—6，相关性分析见附表5—2，实证结果见表5—7。

表5—6　　多元化决策分析的公司样本的描述性统计

	均值	中位数	最大值	最小值	标准差	偏度	峰度
DIVERYEAR	0.331	0.000	4.000	0.000	0.933	2.916	10.454
DIVERDUMMY	0.138	0.000	1.000	0.000	0.345	2.102	5.419
AGE	7.045	8.000	16.000	0.000	3.956	−0.208	2.040
OWNERSHIP	0.333	0.000	2.000	0.000	0.483	0.853	2.096
AT06	0.118	0.014	5.262	0.000	0.307	9.290	140.346
FD06	0.063	0.000	1.000	0.000	0.242	3.611	14.038
LEV06	0.561	0.519	9.307	0.052	0.578	10.307	136.352
DIVYD06	0.010	0.004	0.077	0.000	0.014	1.754	6.264
LNA_CHG	0.615	0.550	4.879	−2.122	0.657	0.797	7.162
EV_CHG	−0.251	−0.227	6.818	−6.898	0.815	0.087	21.587
ROE_CHG	0.029	0.010	17.947	−5.540	0.885	14.213	306.535
EBITM_CHG	0.134	0.001	90.673	−22.271	3.969	20.967	488.019
SGR_CHG	−0.032	−0.050	3.731	−4.236	0.585	0.830	17.152
CAPEXR_CHG	0.123	−0.036	61.629	−3.669	2.696	21.325	486.554
LSH_CHG	−1.762	−0.190	56.720	−36.900	9.704	1.019	10.480
ISH_CHG	27.955	29.127	86.319	−54.206	25.109	−0.266	2.866
ASH_CHG	−0.026	−0.013	0.102	−0.313	0.048	−2.120	10.046
AT_CHG	−0.015	0.000	1.000	−5.114	0.285	−10.114	180.556

表5—7　　公司多元化决策对价值影响的回归检验

	系数	概率	系数	概率	系数	概率	系数	概率
DIVERDUMMY	−0.134	0.167			−0.152	0.116		
DIVERYEAR			−0.067	0.060			−0.063	0.078
LNA_CHG	−0.269	0.000	−0.269	0.000				
EBITM_CHG	−0.009	0.006	−0.009	0.005				
CAPEXR_CHG	0.030	0.018	0.030	0.018				
ASH_CHG	2.552	0.000	2.541	0.000				
EBITM06					0.071	0.000	0.071	0.000
SGR06					−0.274	0.000	−0.273	0.000
CAPEXR06					−0.152	0.000	−0.151	0.000
FD06					−0.507	0.000	−0.506	0.000
调整 R^2		0.085 3		0.087 9		0.102 5		0.103 5
样本数		577		577		579		579

表5—7的结果表明，公司规模、经营业绩、资本投资的变化，及公司治理的改善对提高公司相对价值有显著影响：资产规模的增加导致了公司价值的下降，这可能是因为小公司的市场估值更高，也可能表明通过多元化单纯扩大资产规模并不能提高公司的价值；利润率（EBITM）提高更大的公司，对公司价值提高反而起到了负作用，原因在稍后文中有讨论；CAPEX的变化量的系数显著大于零，表明对未来投资越多，公司价值越能得到提高；股东平均持股程度的增加，反映出公司治理状况的改善，因而可以提升企业的市场价值。

另外2006年时公司的状况也对公司EV的变化产生了显著影响。2006年时公司的利润率越高，未来价值的提高也越大；另一方面，2006年经营情况不太好的公司：包括过去的收入增长率低、资本投资少等，未来价值的提高也更大。而期初陷入财务困境的公司由于获得市场青睐（见表4—4、表4—5、表4—7），期初估价偏高，其价值提升反而相对较低。

表5—7的结果同样显示DIVERDUMMY的系数不显著，说明多元化决策对于公司相对价值变化的影响不确定，这暗示了我们无法得出多元化损毁企业价值的结论，这与表5—2的非参数检验中，在多元化决策前后EV的差异不显著的结果一致。但是，DIVERYEAR负显著，代表着进入多元化经营的时间越长，公司相对价值就减小越多。我们认为，这样的回归结果反映出公司增加在新行业投资的初期阶段，市场并未做出过大反应；但随着时间推移，多元化的负面效应逐渐累积，从量变转化为质变，最终对公司价值造成损害，导致时点检验得出多元化损毁公司价值的结论。

为了进一步分析多元化决策对公司价值的影响，图5—1描绘了进行多元化决策的公司EV的逐年变化。进行多元化决策的公司，其相对价值逐渐减小，并且随着进入多元化的时间变长，相对价值的减少越明显。

为了解释这些公司相对价值的变化，图5—2就它们多元化决策前后若干基本面特征进行对比：

图5—2中的两个业绩指标，ROE、EBITM在多元化决策后都显示出一定程度的增长，仅在多元化后第4年后有较大程度的下降，有趣的是图5—1中显示多元化后第4年EV的中位数上升，这在一定程度上与表5—4的回归结果中EBITM负显著吻合。

为了解释公司业绩的改善与相对价值的下降所表现出的矛盾关系，分析相对利润指标EI。很明显，在多元化后，EI不断下降，这说明，虽然多元化后公司业绩有所改善，但与同行业的单一化公司相比较，利润率仍存在差距，且差距不断增加，因此公司的相对市场价值不断下降。

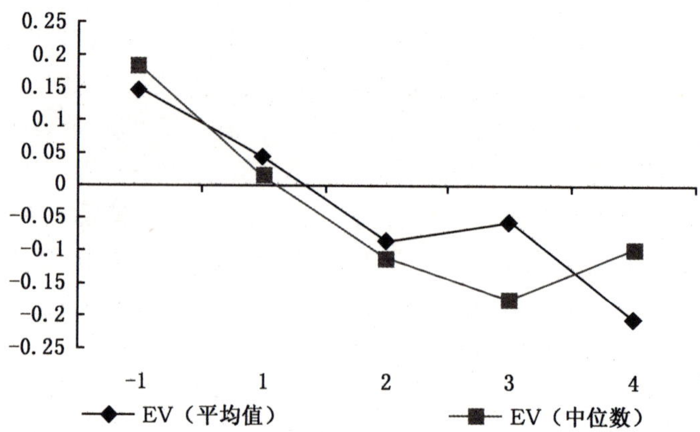

注：-1 表示多元化决策前 1 年；1 表示多元化决策年；其后年分别表示为 2，3，4。

图 5-1　进行多元化决策的公司相对价值的变化情况

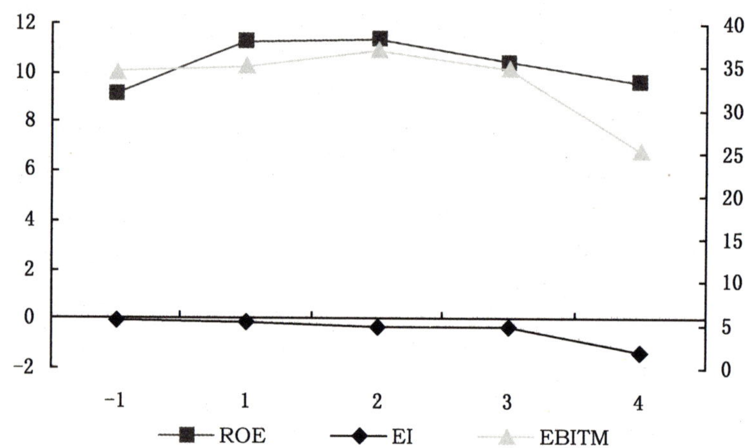

注：业绩指标包括净资产收益率 ROE、EBIT 对销售收入比率 EBITM，以及相对利润 EI。选取指标的中位数。

图 5-2　进行多元化决策的公司业绩指标的变化情况

(三)公司的归核化决策检验

与公司进行多元化决策相反的选择是进行归核化，采用与多元化分析相同的步骤分析归核化。首先，采用模型(5-3)分析公司进行归核化

决策的主要决定因素，选取在2006～2009年[①]为多元化经营的公司，共得到公司一年样本1 144个，讨论这些公司是否在下一年进行归核化与当前公司特征的关系；这些样本的描述性统计见表5—8。

从样本的数据看，多元化公司的上市时间高于单一行业经营的样本公司，达到了接近10年，而多元化Berry-Herfindahl指数当然也普遍比较高。此外，样本公司的相对价值大多大于0。而ROA、ROE，以及EBITM的偏度都相对于单一行业经营的样本公司更小，代表样本在经营指标方面的分布相对更平均。公司在成长性方面也存在很大的差别。公司的负债率LEV存在较高的偏度，其中最高的公司负债率高达977%。

表5—8　　多元化公司样本的描述性统计

	均值	中位数	最大值	最小值	标准差	偏度	峰度
AGE	9.855	10.000	20.000	0.000	4.016	−0.321	2.686
DBH	0.441	0.456	0.747	0.180	0.119	−0.145	2.542
LNA	21.422	21.380	27.616	17.363	1.110	0.632	6.496
LNS	20.745	20.771	28.280	15.706	1.364	0.191	6.895
EV	0.117	0.046	4.388	−2.464	0.836	0.810	5.273
ROA	0.042	0.041	2.637	−1.247	0.143	7.822	173.740
ROE	0.087	0.061	18.002	−7.951	0.815	9.794	235.677
EBITM	0.105	0.086	12.495	−7.937	0.586	4.701	228.959
SGR	0.155	0.112	26.880	−0.721	0.860	27.001	835.403
CAPEXR	0.678	0.318	24.995	−0.084	1.600	10.018	130.532
LSH (%)	33.333	30.310	82.446	0.820	15.370	0.596	2.627
ISH (%)	22.073	15.661	97.405	0.000	21.197	0.944	3.093
ASH (%)	0.038	0.028	0.482	0.000	0.036	3.158	26.597
AT	0.070	0.000	4.568	0.000	0.260	12.446	198.775
OWNERSHIP	0.351	0.000	1.000	0.000	0.477	0.625	1.390
FD	0.036	0.000	1.000	0.000	0.186	5.004	26.037
LEV	0.550	0.522	9.765	0.044	0.461	12.327	208.596
DIVYD	0.004	0.000	0.070	0.000	0.008	2.748	13.208

进一步对这些样本公司在下一年是否进行归核化决策做Logit回归，回归变量的相关性分析见附表5—3，实证结果见表5—9。被解释变量为公司在下一年是否进行归核化决策，如果是取1，否则为0。其余变量定义同表5—4。

DBH变量显著负相关，说明多元化经营程度较小的公司更具有归核化的可能；而EV显著为正，同样说明归核化决策具有自选择特征：这些

① 该LOGIT分析的被解释变量为公司是否选择归核化，2009年样本对应的被解释变量是公司在下一年(即2010年)是否进行归核化。

转变为单一化经营的公司在多元化经营期间就具有价值增加的特征。公司规模、业绩、成长性等对于归核化决策没有显著影响。机构持股比例同样对归核化决策影响显著:机构持股少的公司进行归核化决策的概率高。这与表5—4的结果相类似,反映了机构投资人改变公司经营策略、面临更大投资不确定性的意愿较弱;同时又与表5—2中公司在多元化或归核化之前机构持股比例较低的结果相一致。除此以外,陷入财务困境的公司具有更大的归核化可能性,它们可以通过出售非主营业务获得资金;这与高负债率的公司更愿意进行归核化相一致。

表5—9　　　　公司归核化决策的Logit回归检验

		系数	概率	系数	概率	系数	概率
常数项	C	2.875	0.096	2.755	0.125	2.673	0.165
多元化程度	DBH	−5.312	0.000	−5.293	0.000	−5.277	0.000
市场表现变量	EV	0.420	0.001	0.483	0.000	0.452	0.000
规模变量	LNA			−0.076	0.363	−0.099	0.250
	LNS	−0.095	0.241				
业绩变量	ROA			−0.308	0.484		
	ROE	−0.092	0.341				
	EBITM					−0.023	0.857
成长性变量	SGR	0.065	0.484	0.065	0.498	0.048	0.557
	CAPEXR	−0.027	0.550	−0.027	0.541	−0.012	0.784
股权结构变量	LSH	0.000	0.996				
	ISH			−0.010	0.013		
	ASH					3.163	0.176
	AT	−0.102	0.711	−0.156	0.574	−0.112	0.687
	OWNERSHIP	0.234	0.146	0.185	0.255	0.174	0.284
其他变量	LEV					0.319	0.080
	AGE	−0.009	0.617	−0.008	0.666	−0.002	0.919
	FD	0.826	0.022	0.688	0.058		
	DIVYD	7.087	0.489	8.795	0.384	7.978	0.432
	对数似然值	−550.928	−0.490		−610.587		−550.537
	McFadden R^2		0.098		0.105		0.099
	样本		1125		1125		1126

进一步分析是否进行归核化决策对公司的影响。表5—10对比了在2006～2010年间一直保持多元化经营的公司和在此期间进行了归核化决策的公司,在一些重要的指标上发生的变化,以及两者变化的差异程度。

表 5—10 保持多元化经营与进行归核化决策的公司相关指标的变化

	EV 变化		ROE 变化		LNS 变化		LSH 变化	
	均值	中位数	均值	中位数	均值	中位数	均值	中位数
保持多元化	−0.104	−0.102	−0.036	0.014	0.409	0.444	−1.420	−1.000
进行归核化	0.059	0.063	0.105	0.007	0.397	0.388	1.798	0.000
差异显著性	0.112	0.064	0.388	0.568	0.914	0.345	0.031	0.059

从表 5—10 可以看出，就市场价值分析，进行了归核化决策的公司 EV 上升了 0.063（以中位数衡量），而保持多元化公司的 EV 下降了 0.102，两者差异显著。这说明归核化决策对于公司 EV 的改善程度更高。其他方面，进行归核化与否对于公司绩效（ROE）和规模（销售收入）的变化影响差异不显著。

最后深入分析归核化决策对公司价值的影响，按照模型（5—4）对多元化决策前后公司相对价值的变化进行实证研究。研究样本为 2006 年多元化经营的公司，这些公司到 2010 年期间，或者一直保持多元化经营，或者变为单一化经营并一直保持。剔除反复变化的公司。被解释变量为公司 2006～2010 年的相对价值的变化。

解释变量中，如果公司在 2010 年为单一化经营，则 REFOCDUMMY 取值为 1，代表公司在 2006 年以后进行了归核化决策，否则为 0；其余变量的定义同表 5—3，CHG 表示变量从 2006 年到 2010 年的变化量。对于这些相关变量的描述性统计见表 5—11，相关性分析见附表 5—4，实证结果见表 5—12。

表 5—11 归核化决策分析的公司样本的描述性统计

	均值	中位数	最大值	最小值	标准差	偏度	峰度
REFOCDUMMY	0.364	0.000	1.000	0.000	0.482	0.564	1.318
AGE	8.535	9.000	16.000	0.000	3.577	−0.323	2.432
OWNERSHIP	0.357	0.000	1.000	0.000	0.480	0.599	1.359
DBH06	0.424	0.433	0.724	0.097	0.129	−0.062	2.290
LNA06	21.232	21.159	27.125	18.157	0.996	0.757	7.245
LNS06	20.562	20.559	27.691	16.057	1.317	0.342	6.673
EV06	0.187	0.095	4.388	−2.464	0.825	0.840	6.118
ROA06	0.032	0.039	0.536	−1.054	0.109	−6.475	66.835
ROE06	0.134	0.055	18.002	−4.791	1.208	12.429	188.023
EBITM06	0.065	0.078	1.146	−5.010	0.484	−7.775	74.370
SGR06	0.233	0.122	26.880	−0.698	1.686	15.384	243.635
CAPEXR06	0.679	0.368	10.043	0.010	1.118	5.196	36.700
LSH06	33.423	29.625	81.470	8.680	14.817	0.709	2.744

续表

	均值	中位数	最大值	最小值	标准差	偏度	峰度
ISH06	11.090	3.237	97.405	0.000	16.613	2.044	7.296
ASH06	0.048	0.036	0.482	0.000	0.045	4.250	36.321
AT06	0.105	0.000	4.568	0.000	0.410	9.008	94.616
FD06	0.058	0.000	1.000	0.000	0.234	3.776	15.262
LEV06	0.549	0.532	1.859	0.047	0.232	1.743	11.211
DIVYD06	0.007	0.000	0.070	0.000	0.010	2.193	9.663
DBH_CHG	−0.112	−0.085	0.392	−0.657	0.206	−0.197	2.600
LNA_CHG	0.512	0.431	4.080	−3.577	0.781	0.294	7.806
LNS_CHG	0.446	0.429	4.043	−3.574	0.862	0.309	6.790
EV_CHG	−0.064	−0.069	4.132	−1.889	0.779	0.842	6.710
ROA_CHG	0.030	0.006	2.752	−0.481	0.210	9.654	117.320
ROE_CHG	−0.015	0.010	7.314	−18.664	1.345	−9.597	148.954
EBITM_CHG	0.106	0.014	5.262	−1.458	0.589	5.793	43.879
SGR_CHG	0.088	−0.028	22.434	−26.647	2.307	−2.345	105.237
CAPEXR_CHG	−0.101	−0.051	3.373	−8.584	1.003	−2.695	26.469
LSH_CHG	0.479	0.000	51.810	−44.960	12.097	1.771	8.728
ISH_CHG	27.993	28.632	90.999	−48.291	23.254	−0.267	3.063
ASH_CHG	−0.017	−0.010	0.110	−0.449	0.043	−4.204	42.181
AT_CHG	0.018	0.000	5.264	−4.519	0.598	1.406	60.298
FD_CHG	−0.035	0.000	1.000	−1.000	0.239	−2.127	16.571
LEV_CHG	−0.026	−0.014	1.644	−1.475	0.250	0.395	19.258
DIVYD_CHG	−0.005	0.000	0.016	−0.056	0.009	−1.633	7.168

表 5—12　　　　　公司归核化决策对价值影响的回归检验

	系数	概率	系数	概率	系数	概率
C	−0.114	0.352	−0.091	0.461	−0.101	0.133
REFOCDUMMY	0.160	0.035	0.164	0.031	0.172	0.022
AGE	0.000	0.994	0.001	0.930		
OWNERSHIP	−0.012	0.880	−0.015	0.853		
LNS_CHG	−0.481	0.000	−0.503	0.000	−0.482	0.000
EBITM_CHG	0.276	0.000	0.277	0.000	0.274	0.000
CAPEXR_CHG	−0.032	0.349	−0.039	0.251		
ISH_CHG	0.007	0.000	0.007	0.000	0.007	0.000
AT_CHG	0.056	0.356				
FD_CHG	0.525	0.001				
FD06			−0.467	0.003	−0.473	0.002
DIVYD06	−1.329	0.736	−1.077	0.762		
调整 R^2		0.420		0.419		0.424
F 统计量		20.456		22.611		40.787
样本数		270		271		271

REFOCDUMMY的系数显著为正，说明归核化决策能够有效地提高公司的相对价值，这说明公司在经营中专注于主营业务的做法得到了市场的认同。在归核化之后，公司的销售收入可能会下降，但是利润率得到上升，导致公司价值的上升。更多的机构投资者向市场传递出关于企业经营的积极信号，带来公司价值的提高。初始时期陷入财务困境的公司意图通过归核化摆脱财务困境，可能由于市场对陷入财务困境的公司价值较高（见表4－4、表4－5、表4－7），这类公司在市场上获得的价值提升反而相对较低。

五、总　结

本章应用中国上市公司2006～2010年数据，深入分析公司的多元化与归核化过程，并讨论多元化与归核化决策对公司相对价值的影响。实证发现：

多元化决策与归核化决策具有自选择特征。Logit回归显示，选择多元化的公司在多元化之前就具有诸如年龄更大、机构投资者更少、已初步介入多个行业等不同于其他单一行业经营公司的特征，特别是，相对价值更低的公司具有更大的多元化决策的概率，因此大部分多元化公司早在进入多元化经营前就体现出折价的特征。

过程研究无法针对多元化决策对公司价值的影响给出确定的结论；但是随着进入多元化时间的增长，公司价值的折损却是显著的。我们认为多元化对企业价值的影响逐渐累积，最终对企业价值造成损毁，导致众多截面式研究得出多元化损毁企业价值的结论。进一步的研究表明多元化后企业业绩虽然有改善，但与同行业的单一化公司比较，利润率的差距在不断扩大。

企业的归核化决策同样具有自选择特征。在归核化之前，这些公司就具有比较高的相对价值。此外，陷入财务困境或负债率高的公司更倾向于通过出售一部分业务获取资金，摆脱困境。回归结果显示，归核化决策能够显著提高公司相对价值。

本章的研究还说明，公司在多元化/归核化前后，公司价值的变化与业绩的变化并不一致，这在一定程度上说明公司的价值更多地由公司未来的业绩所决定，而非过去的业绩；但公司治理的改善有助于公司价值的提高。

附表 5—1　　2006～2009 年单一行业经营公司样本的变量相关性

	AGE	DBH	LNA	LNS	EV	ROA	ROE	EBITM	SGR	CAPEXR	LSH	ISH	ASH	AT	OWNERSHIP	FD	LEV	DIVYD
AGE	1.000	0.107	0.167	0.116	−0.037	0.005	−0.014	0.005	0.013	0.007	−0.129	0.083	−0.346	0.015	−0.279	0.101	0.043	−0.144
DBH	0.107	1.000	0.052	0.066	−0.095	−0.007	0.014	−0.007	−0.020	−0.018	−0.003	−0.015	−0.062	0.022	−0.041	−0.005	−0.006	0.003
LNA	0.167	0.052	1.000	0.870	−0.403	−0.140	0.115	−0.140	0.028	−0.116	0.329	0.369	−0.449	0.004	−0.323	−0.197	−0.152	0.199
LNS	0.116	0.066	0.870	1.000	−0.675	−0.126	0.108	−0.127	0.047	−0.239	0.329	0.355	−0.341	−0.020	−0.300	−0.226	−0.147	0.220
EV	−0.037	−0.095	−0.403	−0.675	1.000	0.190	−0.147	0.191	−0.048	0.388	−0.162	−0.091	0.193	0.029	0.153	0.223	0.235	−0.137
ROA	0.005	−0.007	−0.140	−0.126	0.190	1.000	−0.665	1.000	−0.017	0.770	−0.027	−0.019	−0.001	−0.001	0.021	−0.003	0.977	−0.011
ROE	−0.014	0.014	0.115	0.108	−0.147	−0.665	1.000	−0.665	0.024	−0.515	0.033	0.019	−0.006	0.000	−0.020	−0.093	−0.654	0.029
EBITM	0.005	−0.007	−0.140	−0.127	0.191	1.000	−0.665	1.000	−0.017	0.770	−0.027	−0.019	−0.001	−0.001	0.021	−0.003	0.977	−0.011
SGR	0.013	−0.020	0.028	0.047	−0.048	−0.017	0.024	−0.017	1.000	−0.047	0.078	−0.011	0.026	−0.011	0.039	−0.042	−0.019	−0.006
CAPEXR	0.007	−0.018	−0.116	−0.239	0.388	0.770	−0.515	0.770	−0.047	1.000	−0.053	−0.028	−0.025	0.015	0.032	0.018	0.760	−0.013
LSH	−0.129	−0.003	0.329	0.329	−0.162	−0.027	0.033	−0.027	0.078	−0.053	1.000	0.176	−0.037	0.000	−0.207	−0.091	−0.047	0.170
ISH	0.083	−0.015	0.369	0.355	−0.091	−0.019	0.019	−0.019	−0.011	−0.028	0.176	1.000	0.122	−0.019	−0.104	−0.139	−0.035	0.053
ASH	−0.346	−0.062	−0.449	−0.341	0.193	−0.001	−0.006	−0.001	0.026	−0.025	−0.037	0.122	1.000	−0.012	0.272	0.070	0.000	−0.035
AT	0.015	0.022	0.004	−0.020	0.029	−0.001	0.000	−0.001	−0.011	0.015	0.000	−0.019	−0.012	1.000	−0.024	0.002	−0.002	−0.011
OWNERSHIP	−0.279	−0.041	−0.323	−0.300	0.153	0.021	−0.020	0.021	0.039	0.032	−0.207	−0.104	0.272	−0.024	1.000	0.014	0.018	−0.063
FD	0.101	−0.005	−0.197	−0.226	0.223	−0.003	−0.093	−0.003	−0.042	0.018	−0.091	−0.139	0.070	0.002	0.014	1.000	0.094	−0.116
LEV	0.043	−0.006	−0.152	−0.147	0.235	0.977	−0.654	0.977	−0.019	0.760	−0.047	−0.035	0.000	−0.002	0.018	0.094	1.000	−0.037
DIVYD	−0.144	0.003	0.199	0.220	−0.137	−0.011	0.029	−0.011	−0.006	−0.013	0.170	0.053	−0.035	−0.011	−0.063	−0.116	−0.037	1.000

附表 5—2　　多元化决策分析的公司样本的变量相关性

	DIVER YEAR	DIVER DUMMY	AGE	OWNERSHIP	DEH06	LNA06	LNS06	EV06	ROA06	ROE06	EBITM06	SGR06	CAPEX R06	LSH06	ISH06	ASH06	AT06	FD06	LEV 06	DIV YD06
DIVERYEAR	1.000	0.888	0.103	0.022	0.219	-0.057	-0.049	0.016	-0.007	0.017	0.015	-0.020	-0.013	-0.068	-0.052	-0.040	-0.047	0.098	0.068	-0.068
DIVER DUMMY	0.888	1.000	0.106	0.015	0.201	-0.079	-0.083	0.012	0.002	0.013	0.019	-0.035	-0.022	-0.068	-0.070	-0.030	-0.041	0.111	0.049	-0.075
AGE	0.103	0.106	1.000	-0.174	0.154	0.101	0.052	-0.002	-0.123	-0.057	-0.057	-0.067	-0.079	-0.133	-0.131	-0.310	0.033	0.105	0.151	-0.140
OWNERSHIP	0.022	0.015	-0.174	1.000	-0.038	-0.313	-0.287	0.125	-0.003	0.027	0.024	0.039	0.005	-0.267	0.032	0.333	-0.116	0.051	0.051	-0.162
DBH06	0.219	0.201	0.154	-0.038	1.000	0.023	0.031	-0.087	-0.028	-0.014	0.017	-0.033	-0.049	-0.031	-0.098	-0.096	-0.057	0.071	0.020	0.011
LNA06	-0.057	-0.079	0.101	-0.313	0.023	1.000	0.860	-0.368	0.220	0.060	0.172	0.154	-0.033	0.344	0.321	-0.415	0.199	-0.272	-0.190	0.366
LNS06	-0.049	-0.083	0.052	-0.287	0.031	0.860	1.000	-0.627	0.282	0.076	0.205	0.262	-0.291	0.318	0.325	-0.287	0.217	-0.303	-0.233	0.365
EV06	0.016	0.012	-0.002	0.125	-0.087	-0.368	-0.627	1.000	-0.365	-0.016	-0.359	-0.174	0.294	-0.084	0.061	0.263	-0.129	0.325	0.361	-0.217
ROA06	-0.007	0.002	-0.123	-0.003	-0.028	0.220	0.282	-0.365	1.000	-0.003	0.907	0.182	0.010	0.087	0.173	-0.134	0.031	-0.369	-0.535	0.163
ROE06	0.017	0.013	-0.057	0.027	-0.014	0.060	0.076	-0.016	-0.003	1.000	-0.025	0.058	0.017	0.020	0.063	0.069	0.005	-0.113	0.008	0.056
EBITM06	0.015	0.019	-0.057	0.024	0.017	0.172	0.205	-0.359	0.907	-0.025	1.000	0.099	0.032	0.048	0.042	-0.211	0.014	-0.186	-0.507	0.040
SGR06	-0.020	-0.035	-0.067	0.039	-0.033	0.154	0.262	-0.174	0.182	0.058	0.099	1.000	-0.203	0.099	0.143	0.075	0.016	-0.189	-0.147	0.066
CAPEXR06	-0.013	-0.022	-0.079	0.005	-0.049	-0.033	-0.291	0.294	0.010	0.017	0.032	-0.203	1.000	-0.032	-0.003	-0.037	-0.073	-0.013	0.029	0.025
LSH06	-0.068	-0.068	-0.133	-0.267	-0.031	0.344	0.318	-0.084	0.087	0.020	0.048	0.099	-0.032	1.000	0.113	-0.075	0.168	-0.043	-0.105	0.250
ISH06	-0.052	-0.070	-0.131	0.032	-0.098	0.321	0.325	0.061	0.173	0.063	0.042	0.143	-0.003	0.113	1.000	0.371	-0.025	-0.158	-0.105	0.111
ASH06	-0.040	-0.030	-0.310	0.333	-0.096	-0.415	-0.287	0.263	-0.134	0.069	-0.211	0.075	-0.037	-0.075	0.371	1.000	-0.121	0.073	0.110	-0.158
AT06	-0.047	-0.041	0.033	-0.116	-0.057	0.199	0.217	-0.129	0.031	0.005	0.014	0.016	-0.073	0.168	-0.025	-0.121	1.000	-0.022	-0.023	0.079
FD06	0.098	0.111	0.105	0.051	0.071	-0.272	-0.303	0.325	-0.369	-0.113	-0.186	-0.189	-0.013	-0.043	-0.158	0.073	-0.022	1.000	0.472	-0.190
LEV06	0.068	0.049	0.151	0.051	0.020	-0.190	-0.233	0.361	-0.535	0.008	-0.507	-0.147	0.029	-0.105	-0.105	0.110	-0.023	0.472	1.000	-0.141
DIVYD06	-0.068	-0.075	-0.140	-0.162	0.011	0.366	0.365	-0.217	0.163	0.056	0.040	0.066	0.025	0.250	0.111	-0.158	0.079	-0.190	-0.141	1.000

续表

	DIVER YEAR	DIVER DUMMY	AGE	OWNERSHIP	DBH_CHG	LNA_CHG	LNS_CHG	EV_CHG	ROA_CHG	ROE_CHG	EBITM_CHG	SGR_CHG	CAPEXR_CHG	LSH_CHG	ISH_CHG	ASH_CHG	AT_CHG	FD_CHG	LEV_CHG	DIVYD_CHG
DIVERYEAR	1.000	0.888	0.103	0.022	0.774	-0.028	-0.020	-0.057	0.004	-0.010	-0.010	0.025	0.087	0.071	0.038	0.058	0.012	-0.106	-0.074	0.057
DIVER DUMMY	0.888	1.000	0.106	0.015	0.818	0.023	0.029	-0.043	-0.001	-0.001	-0.011	0.069	0.125	0.094	0.046	0.055	0.004	-0.122	-0.051	0.071
AGE	0.103	0.106	1.000	-0.174	0.041	-0.092	-0.066	0.005	0.051	0.036	0.046	0.064	0.051	0.063	0.068	0.251	-0.003	-0.060	-0.050	0.094
OWNERSHIP	0.022	0.015	-0.174	1.000	0.034	-0.002	0.021	0.007	0.035	-0.016	-0.013	-0.041	0.047	0.061	-0.090	-0.241	0.009	-0.064	-0.096	0.175
DBH_CHG	0.774	0.818	0.041	0.034	1.000	0.053	0.029	-0.029	-0.010	-0.022	-0.009	0.089	0.095	0.079	0.018	0.020	-0.037	-0.123	-0.071	0.052
LNA_CHG	-0.028	0.023	-0.092	-0.002	0.053	1.000	0.721	-0.273	-0.005	0.006	0.033	0.229	0.008	0.254	-0.026	-0.190	-0.004	-0.040	-0.245	-0.037
LNS_CHG	-0.020	0.029	-0.066	0.021	0.029	0.721	1.000	-0.682	0.230	0.030	0.277	0.401	-0.111	0.207	-0.027	-0.161	0.036	-0.090	-0.297	0.025
EV_CHG	-0.057	-0.043	0.005	0.007	-0.029	-0.273	-0.682	1.000	-0.332	-0.009	-0.424	-0.168	0.120	-0.055	0.142	0.187	-0.115	0.109	0.290	-0.038
ROA_CHG	0.004	-0.001	0.051	0.035	-0.010	-0.005	0.230	-0.332	1.000	-0.082	0.832	0.189	-0.033	-0.010	0.047	-0.127	0.088	-0.124	-0.347	0.108
ROE_CHG	-0.010	-0.001	0.036	-0.016	-0.022	0.006	0.030	-0.009	-0.082	1.000	-0.035	0.026	0.008	0.000	-0.004	0.018	-0.032	-0.043	-0.004	0.040
EBITM_CHG	-0.010	-0.011	0.046	-0.013	-0.009	0.033	0.277	-0.424	0.832	-0.035	1.000	0.150	-0.012	0.012	-0.020	-0.146	0.144	-0.010	-0.334	0.023
SGR_CHG	0.025	0.069	0.064	-0.041	0.089	0.229	0.401	-0.168	0.189	0.026	0.150	1.000	-0.067	0.080	0.038	0.100	0.007	-0.188	-0.136	0.077
CAPEXR_CHG	0.087	0.125	0.051	0.047	0.095	0.008	-0.111	0.120	-0.033	0.008	-0.012	-0.067	1.000	-0.021	0.020	-0.003	0.011	0.005	0.043	0.016
LSH_CHG	0.071	0.094	0.063	0.061	0.079	0.254	0.207	-0.055	-0.010	0.000	0.012	0.080	-0.021	1.000	0.101	0.029	0.008	-0.127	-0.235	-0.021
ISH_CHG	0.038	0.046	0.068	-0.090	0.018	-0.026	-0.027	0.142	0.047	-0.004	-0.020	0.038	0.020	0.101	1.000	0.357	-0.114	-0.012	-0.007	0.009
ASH_CHG	0.058	0.055	0.251	-0.241	0.020	-0.190	-0.161	0.187	-0.127	0.018	-0.146	0.100	-0.003	0.029	0.357	1.000	-0.086	-0.007	0.133	-0.137
AT_CHG	0.012	0.004	-0.003	0.009	-0.037	-0.004	0.036	-0.115	0.088	-0.032	0.144	0.007	0.011	0.008	-0.114	-0.086	1.000	-0.015	-0.025	0.032
FD_CHG	-0.106	-0.122	-0.060	-0.064	-0.123	-0.040	-0.090	0.109	-0.124	-0.043	-0.010	-0.188	0.005	-0.127	-0.012	-0.007	-0.015	1.000	0.364	-0.099
LEV_CHG	-0.074	-0.051	-0.050	-0.096	-0.071	-0.245	-0.297	0.290	-0.347	-0.004	-0.334	-0.136	0.043	-0.235	-0.007	0.133	-0.025	0.364	1.000	-0.094
DIVYD_CHG	0.057	0.071	0.094	0.175	0.052	-0.037	0.025	-0.038	0.108	0.040	0.023	0.077	0.016	-0.021	0.009	-0.137	0.032	-0.099	-0.094	1.000

附表 5—3　　2006～2009 年多元化公司样本的变量相关性

	AGE	DBH	LNA	LNS	EV	ROA	ROE	EBITM	SGR	CAPEXR	LSH	ISH	ASH	AT	OWNER SHIP	FD	LEV	DIVYD
AGE	1.000	0.112	0.043	−0.041	0.059	0.026	0.039	0.039	−0.043	0.064	−0.153	0.027	−0.284	0.046	−0.063	0.048	0.115	−0.128
DBH	0.112	1.000	0.017	−0.068	0.051	0.023	−0.006	0.022	−0.054	0.052	−0.030	−0.015	−0.092	−0.052	0.032	−0.014	0.025	−0.053
LNA	0.043	0.017	1.000	0.863	−0.412	0.010	−0.063	0.015	0.073	−0.136	0.216	0.321	−0.433	−0.060	−0.243	−0.179	−0.123	0.246
LNS	−0.041	−0.068	0.863	1.000	−0.690	0.046	−0.051	−0.009	0.092	−0.317	0.211	0.325	−0.354	−0.096	−0.244	−0.199	−0.098	0.261
EV	0.059	0.051	−0.412	−0.690	1.000	0.016	0.038	0.064	−0.070	0.373	−0.134	−0.095	0.230	0.167	0.221	0.179	0.104	−0.187
ROA	0.026	0.023	0.010	0.046	0.016	1.000	0.183	0.657	0.048	−0.021	0.011	0.088	0.001	−0.019	0.027	−0.091	0.138	0.093
ROE	0.039	−0.006	−0.063	−0.051	0.038	0.183	1.000	0.064	0.025	−0.023	−0.026	0.008	0.034	−0.007	0.060	0.053	0.027	0.014
EBITM	0.039	0.022	0.015	−0.009	0.064	0.657	0.064	1.000	0.032	−0.031	−0.007	0.047	−0.040	0.016	0.006	−0.052	0.285	0.058
SGR	−0.043	−0.054	0.073	0.092	−0.070	0.048	0.025	0.032	1.000	−0.059	0.088	0.019	0.016	−0.014	0.013	−0.080	−0.022	0.020
CAPEXR	0.064	0.052	−0.136	−0.317	0.373	−0.021	−0.023	−0.031	−0.059	1.000	−0.035	−0.061	0.067	0.025	0.087	0.023	−0.087	−0.001
LSH	−0.153	−0.030	0.216	0.211	−0.134	0.011	−0.026	−0.007	0.088	−0.035	1.000	0.153	0.043	0.025	−0.159	−0.067	−0.098	0.200
ISH	0.027	−0.015	0.321	0.325	−0.095	0.088	0.008	0.047	0.019	−0.061	0.153	1.000	0.102	−0.064	−0.100	−0.138	−0.120	0.066
ASH	−0.284	−0.092	−0.433	−0.354	0.230	0.001	0.034	−0.040	0.016	0.067	0.043	0.102	1.000	0.018	0.195	0.079	0.027	−0.075
AT	0.046	−0.052	−0.060	−0.096	0.167	−0.019	−0.007	0.016	−0.014	0.025	0.025	−0.064	0.018	1.000	0.006	−0.029	−0.027	0.001
OWNERSHIP	−0.063	0.032	−0.243	−0.244	0.221	0.027	0.060	0.006	0.013	0.087	−0.159	−0.100	0.195	0.006	1.000	0.100	0.102	−0.115
FD	0.048	−0.014	−0.179	−0.199	0.179	−0.091	0.053	−0.052	−0.080	0.023	−0.067	−0.138	0.079	−0.029	0.100	1.000	0.399	−0.108
LEV	0.115	0.025	−0.123	−0.098	0.104	0.138	0.027	0.285	−0.022	−0.087	−0.098	−0.120	0.027	−0.027	0.102	0.399	1.000	−0.099
DIVYD	−0.128	−0.053	0.246	0.261	−0.187	0.093	0.014	0.058	0.020	−0.001	0.200	0.066	−0.075	0.001	−0.115	−0.108	−0.099	1.000

附表 5—4　归核化决策分析的公司样本的变量相关性

	REFOC DUMMY	AGE	OWNERSHIP	DBH 06	LNA 06	LNS 06	EV06	ROA 06	ROE 06	EBIT M06	SGR 06	CAPEX R06	LSH 06	ISH 06	ASH 06	AT06	FD06	LEV 06	DIVY D06
REFOCDUMMY	1.000	0.076	0.075	−0.272	−0.082	−0.098	0.127	−0.079	−0.065	−0.024	0.066	0.068	−0.015	0.056	0.113	0.064	0.087	0.067	−0.090
AGE	0.076	1.000	−0.032	0.112	−0.002	−0.052	0.065	0.012	0.104	0.022	−0.018	0.047	−0.176	−0.201	−0.288	0.114	0.046	0.135	−0.109
OWNERSHIP	0.075	−0.032	1.000	0.013	−0.217	−0.190	0.180	−0.067	0.097	−0.096	0.076	−0.021	−0.146	−0.030	0.145	0.000	0.161	0.152	−0.196
DBH06	−0.272	0.112	0.013	1.000	−0.009	−0.065	−0.026	0.056	0.005	0.059	−0.102	0.004	−0.085	−0.147	−0.188	−0.142	−0.029	0.013	−0.046
LNA06	−0.082	−0.002	−0.217	−0.009	1.000	0.855	−0.315	0.172	−0.081	0.224	0.063	−0.071	0.246	0.328	−0.372	−0.055	−0.180	−0.027	0.288
LNS06	−0.098	−0.052	−0.190	−0.065	0.855	1.000	−0.620	0.198	−0.092	0.198	0.071	−0.334	0.212	0.338	−0.270	−0.140	−0.248	−0.059	0.289
EV06	0.127	0.065	0.180	−0.026	−0.315	−0.620	1.000	−0.093	0.035	−0.131	−0.055	0.357	−0.125	0.060	0.263	0.274	0.240	0.079	−0.204
ROA06	−0.079	0.012	−0.067	0.056	0.172	0.198	−0.093	1.000	−0.076	0.790	0.060	0.039	0.112	0.175	−0.086	0.007	−0.544	−0.531	0.181
ROE06	−0.065	0.104	0.097	0.005	−0.081	−0.092	0.035	−0.076	1.000	−0.158	0.018	−0.017	−0.045	−0.014	0.021	−0.014	0.163	0.157	−0.020
EBITM06	−0.024	0.022	−0.096	0.059	0.224	0.198	−0.131	0.790	−0.158	1.000	0.042	0.161	0.110	0.097	−0.158	0.084	−0.503	−0.488	0.136
SGR06	0.066	−0.018	0.076	−0.102	0.063	0.071	−0.055	0.060	0.018	0.042	1.000	−0.079	0.086	0.004	−0.029	−0.014	−0.071	0.037	−0.015
CAPEXR06	0.068	0.047	−0.021	0.004	−0.071	−0.334	0.357	0.039	−0.017	0.161	−0.079	1.000	0.079	−0.039	−0.049	0.096	0.148	−0.073	0.071
LSH06	−0.015	−0.176	−0.146	−0.085	0.246	0.212	−0.125	0.112	−0.045	0.110	0.086	0.079	1.000	0.083	−0.073	−0.041	−0.050	−0.139	0.276
ISH06	0.056	−0.201	−0.030	−0.147	0.328	0.338	0.060	0.175	−0.014	0.097	0.004	−0.039	0.083	1.000	0.377	−0.043	−0.146	−0.151	0.166
ASH06	0.113	−0.288	0.145	−0.188	−0.372	−0.270	0.263	−0.086	0.021	−0.158	−0.029	−0.049	−0.073	0.377	1.000	−0.014	0.057	0.124	−0.109
AT06	0.064	0.114	0.000	−0.142	−0.055	−0.140	0.274	0.007	−0.014	0.084	−0.014	0.096	−0.041	−0.043	−0.014	1.000	−0.052	−0.050	0.016
FD06	0.087	0.046	0.161	−0.029	−0.180	−0.248	0.240	−0.544	0.163	−0.503	−0.071	0.148	−0.050	−0.146	0.057	−0.052	1.000	0.478	−0.159
LEV06	0.067	0.135	0.152	0.013	−0.027	−0.059	0.079	−0.531	0.157	−0.488	0.037	−0.073	−0.139	−0.151	0.124	−0.050	0.478	1.000	−0.248
DIVYD06	−0.090	−0.109	−0.196	−0.046	0.288	0.289	−0.204	0.181	−0.020	0.136	−0.015	0.071	0.276	0.166	−0.109	0.016	−0.159	−0.248	1.000

续表

	REFOC DUMMY	AGE	OWNERSHIP	DBH _CHG	LNA _CHG	LNS _CHG	EV_ CHG	ROA _CHG	ROE _CHG	EBITM _CHG	SGR _CHG	CAPEXR _CHG	LSH _CHG	ISH _CHG	ASH _CHG	AT _CHG	FD _CHG	LEV _CHG	DIVYD _CHG
REFOCDUMMY	1.000	0.076	0.075	−0.733	0.062	−0.030	0.096	0.011	0.067	0.091	0.040	−0.049	0.154	−0.089	−0.040	0.051	−0.058	0.011	0.034
AGE	0.076	1.000	−0.032	−0.103	−0.102	−0.180	0.113	0.042	−0.085	0.065	0.041	0.040	0.096	−0.007	0.231	−0.076	0.063	−0.037	0.090
ONWERSHIP	0.075	−0.032	1.000	−0.078	−0.110	−0.131	0.066	0.095	−0.054	0.081	0.004	0.128	−0.084	−0.094	−0.028	−0.108	−0.061	−0.075	0.193
DBH_CHG	−0.733	−0.103	−0.078	1.000	−0.083	−0.006	−0.159	−0.002	−0.037	−0.091	−0.097	−0.011	−0.147	0.091	−0.006	−0.164	0.028	−0.025	−0.013
LNA_CHG	0.062	−0.102	−0.110	−0.083	1.000	0.746	−0.305	−0.070	0.044	0.013	0.181	−0.074	0.453	0.052	−0.192	0.048	−0.152	−0.121	−0.001
LNS_CHG	−0.030	−0.180	−0.131	−0.006	0.746	1.000	−0.664	0.046	0.078	−0.038	0.248	−0.275	0.375	0.022	−0.146	0.142	−0.284	−0.159	0.073
EV_CHG	0.096	0.113	0.066	−0.159	−0.305	−0.664	1.000	0.018	−0.076	0.173	−0.178	0.297	−0.152	0.170	0.187	−0.060	0.231	0.085	−0.054
ROA_CHG	0.011	0.042	0.095	−0.002	−0.070	0.046	0.018	1.000	0.207	0.567	0.048	0.022	−0.034	−0.049	−0.016	0.017	−0.440	−0.403	0.102
ROE_CHG	0.067	−0.085	−0.054	−0.037	0.044	0.078	−0.076	0.207	1.000	−0.108	0.029	0.001	−0.057	−0.003	−0.042	0.118	−0.130	−0.049	0.001
EBITM_CHG	0.091	0.065	0.081	−0.091	0.013	−0.038	0.173	0.567	−0.108	1.000	0.027	0.089	0.103	−0.049	−0.074	0.027	−0.364	−0.215	0.085
SGR_CHG	0.040	0.041	0.004	−0.097	0.181	0.248	−0.178	0.048	0.029	0.027	1.000	−0.336	0.389	−0.089	0.011	0.033	−0.229	−0.101	0.040
CAPEXR_CHG	−0.049	0.040	0.128	−0.011	−0.074	−0.275	0.297	0.022	0.001	0.089	−0.336	1.000	−0.056	0.082	0.018	0.041	0.062	0.062	0.016
LSH_CHG	0.154	0.096	−0.084	−0.147	0.453	0.375	−0.152	−0.034	−0.057	0.103	0.389	−0.056	1.000	0.029	0.046	0.077	−0.134	−0.168	0.105
ISH_CHG	−0.089	−0.007	−0.094	0.091	0.052	0.022	0.170	−0.049	−0.003	−0.049	−0.089	0.082	0.029	1.000	0.319	−0.078	0.066	0.042	0.003
ASH_CHG	−0.040	0.231	−0.028	−0.006	−0.192	−0.146	0.187	−0.016	−0.042	−0.074	0.011	0.018	0.046	0.319	1.000	−0.028	−0.009	0.122	−0.010
AT_CHG	0.051	−0.076	−0.108	−0.164	0.048	0.142	−0.060	0.017	0.118	0.027	0.033	0.041	0.077	−0.078	−0.028	1.000	−0.153	−0.024	0.047
FD_CHG	−0.058	0.063	−0.061	0.028	−0.152	−0.284	0.231	−0.440	−0.130	−0.364	−0.229	0.062	−0.134	0.066	−0.009	−0.153	1.000	0.431	−0.078
LEV_CHG	0.011	−0.037	−0.075	−0.025	−0.121	−0.159	0.085	−0.403	−0.049	−0.215	−0.101	0.062	−0.168	0.042	0.122	−0.024	0.431	1.000	−0.121
DIVYD_CHG	0.034	0.090	0.193	−0.013	−0.001	0.073	−0.054	0.102	0.001	0.085	0.040	0.016	0.105	0.003	−0.010	0.047	−0.078	−0.121	1.000

第六章　多元化公司的市场收益率与市场价值分析

多元化公司折价现象反映了市场对多元化公司的评价低于其对应的单一化公司的组合。本章以 2006～2010 年中国上市公司为研究对象，从市场投资者角度出发，分析多元化公司股票的风险收益特征，并借此对多元化折价做出了新的诠释。

一、多元化研究的市场投资者角度

在公司财务领域，多元化研究的核心是公司能否通过多元化创造价值。在大部分的实证研究中，学者们将多元化公司看成是多个不同行业的单一化公司的组合，比较两者的市场价值，发现多元化公司相对单一化公司普遍存在折价，并据此得出多元化损毁公司价值的结论。

公司的市场价值为其未来所有现金流的折现，因此现金流及折现率共同决定了公司价值。Lamont 与 Polk(2001)提出，只有从多元化公司的现金流及由风险决定的折现率出发才能完全解释多元化折价现象。但多数研究都集中在公司经营层面，分析多元化决策对公司现金流的影响，其隐含的假设是所有公司的预期收益率相同，而缺乏对公司风险及预期回报率的考虑，所以这样的分析是不完全的。

Lamont 和 Polk(2001)认为，多元化公司要求的投资回报率与单一化公司不同，多元化折价可以从影响回报率的多个因素，包括投资风险是否较大、是否存在定价错误以及流动性是否较低等方面进行解释；但其实证检验的结果并不理想。之后的一些文章也从预期回报率角度进行了分析。Mitton 和 Vorkink(2010)发现多元化公司股票收益的分布偏度显著低于相应的单一化公司的组合，为了弥补投资人丧失的获取高额正向回报的机会，多元化公司必须支付更高的回报率，而这意味着多元化公司的

折价。Chen 等(2010)以日本企业联盟的成员企业为研究对象，对比分析了会员企业与非会员企业股票投资的风险构成及对股东财富的影响，指出多元化对会员企业的总体风险无显著影响，但改变了风险构成，将部分非系统风险转化为市场风险，由于市场风险需要得到补偿，因而多元化会降低公司股票价格，损害股东利益。

本章受到 Lamont 与 Polk(2001)风险报酬率思想的启发，提出从市场投资者对于股票的风险—收益偏好来解释多元化公司的相对价值。从市场角度看，多元化公司的相对价值是投资者在多元化公司与相对应的单一化公司组合之间比较选择的结果，而投资者的高收益、低风险的偏好对选择结果起到了关键作用。

研究多元化公司股票的市场交易信息，进而从股票的风险—收益特征解释多元化折价是市场角度研究的一个创新。以往对多元化影响的解释，诸如内部资本市场理论、代理理论、内生性理论等，最终都需要借助公司的市场价值来检验，这代表上述理论都假定多元化对于公司经营的影响能够反映到市场价格中；如果市场价格包含所有信息，那么，对多元化公司证券的市场交易信息进行研究，同样可以分析多元化对公司价值的影响。而另一方面，投资者根据自己对于证券收益与风险的偏好进行交易，进而影响证券价格，导致相关公司市场价值的变动。因此，分析多元化公司证券在收益率、收益率的波动及收益率偏度等特征方面与单一化公司存在的差异，以讨论多元化公司的市场价值，是一个全新的研究视角，对于从市场角度研究多元化的价值影响具有重要的拓展意义。

本章根据现代财务基本理论的假设，假定投资者只关心投资的风险与收益，并根据风险确定投资的期望收益率。通过建立模型，将多元化公司股票与由单一化公司股票组成的模拟组合相比较，分析其相对的风险、收益等特征；以相对 Sharpe 比率(收益对风险之比)来衡量投资者的风险—收益偏好，并用多元化公司与单一化公司在 Sharpe 比率上的差异来解释多元化折价。

进一步地，本章还对不同股票的相对收益率进行资产定价分析，证实了采取价格度量市场价值存在一定的不合理之处：前一年市场价值折损大的公司在本年度获得更大收益的可能性也更大；这表明市场在一定程度上夸大了多元化折价的真实幅度。

公司市场价值的波动必然是由背后的基本面特征的变化引起的，本章的另一个贡献是将股票的风险收益特征与公司基本面特征相结合，研究发现相对于单一化公司股票的模拟组合，多元化公司股票具有高风险的特征，而这在多元化公司的经营数据上也得到了证实：多元化公司的销售净利润率、总资产收益率和剔除非经常损益的净利润都具有更大的波动性。本章对其原因作了进一步探讨。由于之前文献缺乏对市场变量与公司基本面特征之间关系的讨论，该部分的研究是对该领域研究的一个延伸。

二、研究思路与方法

一个公司可以选择多元化经营，在行业 $j=1,2,\cdots$ 中进行经营，每个行业投资的权重为 w_j，$\sum w_j=1$；而在股票市场上，投资者可以购买此公司的股票，也可以选择自己进行多元化投资，即建立投资组合，在行业 $j=1,2,\cdots$ 中选择股票进行投资，同样每个行业投资权重为 w_j，定义此组合为该公司的模拟组合 P。

理性的投资者通过比较不同投资的风险和收益进行选择：他们偏好于高收益、低风险的投资，因此如果公司较其模拟组合 P 在风险收益方面更博得投资者的青睐，那么投资者愿意高价买入此公司的股票，公司的市场价值就会高于其模拟组合，从而体现为价值增加（Value Premium）；否则公司的市场价值低于其模拟组合，为价值损毁（Value Discount）。

分析公司及其模拟组合的收益与风险特征。定义一个公司相对于模拟组合 P 在 t 时段的相对收益（ER）为：

$$\boldsymbol{ER}=\boldsymbol{r}-\sum \boldsymbol{w}_j\boldsymbol{r}_j \tag{6—1}$$

这里 r 为公司股票的市场收益率，r_j 为行业 j 的股票的收益，我们取行业指数的市场收益率来计算。同样定义一个公司相对于模拟组合 P 的相对波动率（EVol）为：

$$\boldsymbol{EVol}=\boldsymbol{\sigma}-\sum_i\sum_j \boldsymbol{w}_{ij}\boldsymbol{\sigma}_{ij} \tag{6—2}$$

这里 σ 为公司股票收益的波动率，以标准差度量，σ_{ij} 为行业 i 指数收益率与行业 j 指数收益率的协方差。再定义一个公司相对于模拟组合 P 的相对 Beta 系数：

$$\boldsymbol{EB}=\boldsymbol{\beta}-\sum \boldsymbol{w}_j\boldsymbol{\beta}_j \tag{6—3}$$

这里 β 为公司股票的 Beta 系数，β_j 为行业 j 指数的 Beta 系数。显然，相对波动率衡量公司股票的总体风险特征，相对 Beta 系数衡量系统风险特征。

采取 Sharpe 比率衡量投资者对于风险/收益的偏好，定义一个公司

相对于模拟组合 P 的相对 Sharpe 比率(ESR)为::

$$ESR=\frac{r}{\sigma}-\frac{\sum w_j r_j}{\sum_i \sum_j w_{ij}\sigma_{ij}} \tag{6—4}$$

由于公司仅披露每个行业销售收入的数据,本章采取下面两种方法计算公司及其相对应的模拟组合投资在不同行业的权重:

(1)销售收入:

$w_j=$ 公司在行业 j 的销售收入/公司总销售收入

(2)推算市场价值:

$w_j=$公司在行业 j 的推算市场价值/公司总推算市场价值

这里公司在行业 j 的推算市场价值 $IV_j=s_jM_j$,s_j 是公司在行业 j 的销售收入,M_j 是行业 j 中所有单一化公司的市场价值与销售收入比值的中位数。

首先,比较多元化公司与单一化公司的股票在相对收益、相对波动率以及相对 Sharpe 比率等方面的差异,说明多元化公司具有更低的 Sharpe 比率;根据上述的思想,如果投资者偏好高收益、低风险,他们将卖出低 Sharpe 比率的股票,同时买入其模拟组合,从而导致该公司股票价格与市场价值的下跌。本章证明了相对 Sharpe 比率与相对价值 EV、相对收益率的一致性,从风险收益角度解释了多元化折价。

其次,由于市场价值的计算来自于交易价格,容易受到种种随机因素的影响,而可能存在不合理的地方,对股票的收益与相对收益进行资产定价分析,以验证市场对于股票定价的合理性。

最后,分析多元化公司经营的财务指标,解释为什么多元化经营的公司具有更高的风险,从而导致多元化折价。

三、公司的相对收益、相对波动率、相对 Sharpe 比率和相对价值

本章选择 2006～2010 年在上海及深圳上市的全流通 A 股上市公司为研究对象,从市场投资者角度出发进行研究,投资者关心的是当时市场上能够投资的股票,因此本章选择公司一年数据作为研究样本。按照第三章第一部分的选择标准,并筛选掉市场价格信息不全的样本,最终得到的所有样本总数为5 287个,其中多元化公司样本总数为1 499个。表 6—1 按照多元化和单一化经营对样本公司进行分类,分析它们的相对收益、相对波动率、相对 Sharpe 比率和相对价值。

表 6—1　　不同的多元化策略下公司风险与收益特征的非参数检验

第一部分　推算市场价值权重								
	相对收益		相对波动率		相对 Beta		相对 Sharpe 比率	
	均值	中位数	均值	中位数	均值	中位数	均值	中位数
单一化公司	0.008 7	0.004 5	0.056 9	0.044 4	−0.025 8	−0.031 2	−0.093 6	−0.093 2
多元化公司	0.011 6	0.005 3	0.068 7	0.051 8	0.002 8	0.004 8	−0.130 1	−0.127 3
t/Chi-sq(adj)	1.169 3	0.19	2.299 7	26.998 7	1.618 1	9.363 9	3.377 1	7.832 4
概率	0.242 3	0.662 9	0.021 5	0	0.105 7	0.002 2	0.000 7	0.005 1
第二部分　销售收入权重								
	相对收益		相对波动率		相对 Beta		相对 Sharpe 比率	
	均值	中位数	均值	中位数	均值	中位数	均值	中位数
单一化公司	0.008 7	0.004 5	0.056 8	0.044 4	−0.026 1	−0.030 7	−0.093 2	−0.092 8
多元化公司	0.011 8	0.005 6	0.068 6	0.050 9	0.000 2	−0.001 3	−0.129 4	−0.1334
t/Chi-sq (adj)	1.251 5	0.462 3	2.310 9	22.163 4	1.486 1	5.418 2	3.377 4	10.803 4
概率	0.210 8	0.496 5	0.020 9	0	0.137 3	0.019 9	0.000 7	0.001

注：本表应用公司一年数据，给出了 2006～2010 年不同经营类型公司的相对收益、相对波动率、相对 Beta 与相对 Sharpe 比率的均值与中位数特征，并进行单一化公司与多元化公司的差异性检验，其中单一化公司样本为3 788个，多元化公司样本为1 499个。股票收益率取月平均收益率，波动率取月收益率的标准差计算。Beta 以沪深 300 指数为市场指数，按月平均收益率计算。

表 6—1 数据显示，无论是均值还是中位数，多元化公司的相对波动率都显著高于单一化公司，而在相对收益方面则不存在显著差异，这导致了多元化公司的相对 Sharpe 比率显著低于单一化公司。在市场风险方面，多元化公司的相对 Beta 系数在中位数上也显著高于单一化公司。因此，与单一化公司相比，多元化公司较其模拟组合在风险—收益方面处于显著的劣势，投资者完全可以自己针对多个单一化公司进行多元化投资，这种模拟的投资组合在风险—收益特征方面有更大的可能优于公司进行多元化投资。

进一步讨论投资者按照风险—收益的偏好建立投资组合获得的收益。根据本章第二部分提出的模型，投资者将买入风险—收益特征更优的公司，即相对 Sharpe 比率更高的公司，这些公司的市场价值因此会高于其模拟投资组合的市场价值，体现为价值增加和更高的相对价值；同时投资者将卖出风险—收益特征更差的公司，即相对 Sharpe 比率更低的公司，这些公司的市场价值因此会低于其模拟投资组合的市场价值，体现为价值损毁和更低的相对价值。

将股票按照相对 Sharpe 比率从低到高进行排序，并按股票数量等分为 5 组，L 组代表相对 Sharpe 比率最低的 20%区间的股票，H 组代表最高的 20%区间的股票，第 2、3、4 组依次介于两者之间。针对每一个股票，买入该股票，同时卖出其模拟组合，这个投资的价值和收益就是该股票的相对价值和相对收益。表 6—2 分析了对 5 组股票进行投资后在相对价值和相对收益方面的差别。

表 6—2　根据相对 Sharpe 比率的高低分组建立投资组合的相对价值与相对收益

第一部分　所有样本

相对 Sharpe 比率组别	推算市值加权计算				销售收入加权计算			
	相对价值		相对收益		相对价值		相对收益	
	均值	中位数	均值	中位数	均值	中位数	均值	中位数
最低(L)	−0.047 0	−0.047 5	−2.01%	−2.36%	−0.045 3	−0.034 8	−2.03%	−2.36%
2	−0.009 6	−0.021 6	0.44%	−0.69%	−0.012 6	−0.029 4	0.48%	−0.59%
3	−0.002 2	−0.023 0	1.35%	0.19%	0.006 4	−0.014 9	1.33%	0.18%
4	0.022 2	−0.000 7	1.37%	0.85%	0.019 8	−0.002 5	1.39%	0.85%
最高(H)	0.112 9	0.119 4	3.62%	3.08%	0.107 9	0.108 2	3.63%	3.05%
H−L	0.159 9	0.166 9	5.63%	5.44%	0.153 2	0.143 0	5.66%	5.41%
t/Chi-sq (adj)	3.51	12.10	21.06	1 018.44	3.40	11.50	21.22	1 029.57
概率	0.000 4	0.000 5	0.000 0	0.000 0	0.000 7	0.000 7	0.000 0	0.000 0

第二部分　多元化公司样本

相对 Sharpe 比率组别	推算市值加权计算				销售收入加权计算			
	相对价值		相对收益		相对价值		相对收益	
	均值	中位数	均值	中位数	均值	中位数	均值	中位数
最低(L)	−0.057 4	−0.086 9	−1.23%	−2.07%	−0.046 8	−0.075 2	−1.27%	−2.07%
2	−0.035 9	−0.087 8	0.39%	−0.29%	0.001 4	−0.000 2	0.49%	−0.26%
3	0.012 9	0.048 2	2.31%	0.38%	−0.009 6	−0.016 6	2.32%	0.38%
4	−0.023 4	−0.022 8	0.92%	0.62%	−0.035 5	−0.045 2	0.84%	0.52%
最高(H)	0.088 0	0.103 8	3.42%	2.82%	0.074 7	0.074 8	3.54%	2.84%
H−L	0.145 4	0.190 7	4.64%	4.90%	0.121 5	0.150 0	4.81%	4.91%
t/Chi-sq(adj)	2.41	4.01	6.80	279.27	2.39	3.38	7.05	279.27
概率	0.016 0	0.045 3	0.000 0	0.000 0	0.017 3	0.066 0	0.000 0	0.000 0

表 6—2 的结果表明，相对 Sharpe 比率最高的一组股票，其相对价值与相对收益率都显著高于投资于相对 Sharpe 比率最低的股票，并且此结论对于全部样本和多样化样本公司均适用，表明投资者通过对具有良好风险—收益特征的股票进行投资，能够获得更好的收益率，这些股票也具有更高的市场价值。公司股票的相对价值、相对收益率和风险—收益特征具有良好的一致性。

下面分析高收益、低风险的股票所具有的特征，显然这类股票得到投资者的偏好。研究公司的基本面特征对其股票风险—收益特征的影响，并重点考察公司的多元化策略与公司股票风险—收益的关系。表 6—3 对公司的相对 Sharpe 比率进行多元回归分析，以说明在控制了公司的经营业绩、红利政策、股权结构、规模等其他基本面特征后，多元化经营与否对风险—收益特征的影响。相关变量的相关性分析见附表 6—1。

表 6—3 **公司多元化策略对风险—收益特征的回归检验**

	被解释变量:ESR(M)						被解释变量:ESR(S)					
	系数	t 统计量	概率	系数	t 统计量	概率	系数	t 统计量	概率	系数	t 统计量	概率
DD	−0.026 6	−2.462 8	0.013 8				−0.026 3	−2.452 3	0.014 2			
DBH				−0.064 3	−2.561 2	0.010 5				−0.063 2	−2.536 9	0.011 2
FD	0.064 1	1.815 3	0.069 5	0.063 3	1.793 6	0.072 9	0.063 9	1.821 8	0.068 5	0.063 1	1.800 3	0.071 9
PAYOUT	−0.035 9	−2.800 5	0.005 1	−0.035 5	−2.772 3	0.005 6	−0.036 0	−2.825 7	0.004 7	−0.035 6	−2.797 3	0.005 2
LNMV	−0.008 1	−17.584 9	0.000 0	−0.008 1	−17.164 8	0.000 0	−0.008 1	−17.629 8	0.000 0	−0.008 0	−17.214 9	0.000 0
NPM	0.094 2	3.801 8	0.000 1	0.094 3	3.805 9	0.000 1	0.090 4	3.673 8	0.000 2	0.090 5	3.678 0	0.000 2
ISH	0.002 7	12.880 4	0.000 0	0.002 7	12.821 6	0.000 0	0.002 7	12.88 5	0.000 0	0.002 7	12.827 6	0.000 0
OWNERSHIP	0.021 8	2.180 5	0.029 3	0.021 6	2.162 7	0.030 6	0.022 6	2.272 3	0.023 1	0.022 4	2.255 1	0.024 2
调整 R^2	0.037 1			0.037 2			0.036 9			0.037 0		

注:被解释变量 ESR 为公司的相对 Sharpe 比率,其中 ESR(M)表示推算市值加权计算的相对 Sharpe 比率,ESR(S)表示销售收入加权计算的相对 Sharpe 比率。解释变量度量公司的多元化经营特征与其他基本面特征,包括:DD 为度量公司多元化与否的 0—1 变量,多元化公司为 1,单一化公司为 0;DBH 度量公司的多元化程度,为公司各行业销售收入比重计算的 Berry-Herfindahl 指数;剩余控制变量为:从上市到现在的年数 AGE,是否陷入财务困境 FD(0—1 变量,1 为陷入财务困境,即公司为 ST,特别处理公司,或者公司的净资产小于 0),PAYOUT 为公司的红利发放率,度量公司的红利政策;LNMV 为公司规模衡量,以公司市场价值的自然对数计算;NPM 为公司的销售净利润率,衡量公司的经营业绩;机构持股比例 ISH 与股权性质 OWNERSHIP(1 为非国有,0 为国有)反映公司的股权结构特征。回归分析采用公司一年数据,样本总数为5 134个。

表 6—3 的结果表明,多元化对公司的风险—收益水平具有显著的负面影响:从多元化哑变量 DD 分析,多元化导致股票的相对 Sharpe 比率下降 2.6%;因此,如果投资者仅关心股票的风险—收益特征,选择在经营业绩、红利政策、股权结构等基本面特征同等水平的单一化公司进行投资,其在风险收益方面的效用显著高于多元化公司。这些投资者选择卖出多元化公司而投资其模拟组合,从而降低了多元化公司的价值。

对于公司的风险—收益水平具有显著负面影响的因素还有:(1) 公司的红利发放率 PAYOUT:现金红利发放比率越多的公司,相对 Sharpe 比率越低,这可能是因为在中国这样一个高速发展的市场下,投资者对红利发放多的公司的未来成长性存在疑问,从而导致风险—收益水平的下降;(2) 公司规模 LNMV:市场价值大的公司,相对 Sharpe 比率较低,说明投资者对小公司的看好。

而对于公司的风险—收益水平具有显著正面影响的因素有:(1) 公司的销售净利润率 NPM:经营业绩越好的公司,相对 Sharpe 比率越高,说明投资者对公司经营效益的重视;(2) 机构持有程度 ISH:机构持有多的公司,相对 Sharpe 比率越高,一方面是因为机构持股对于股票价格起到了稳定的效果,从而降低了价格的波动,另一方面也源于机构对于具有较高收益公司的青睐;(3) 非国有公司的相对 Sharpe 比率高于国有公司,投资者更看好非国有公司;(4) 公司是否陷入财务困境:陷入财务困境的公司相对 Sharpe 比率更高,这可能是由于市场对该类公司存在重组预期,因而推高了公司股票的收益。

四、公司的风险—收益特征与相对价值

上面指出,多元化公司较其模拟组合而言,具有更高的波动率和更低的 Sharpe 比率,因此投资者应该给予多元化公司低估值。本部分内容我们分析在控制了公司基本面特征后,公司相对价值与其多元化经营特征和公司股票风险—收益特征之间的关系,以进一步验证公司股票风险—收益特征与相对价值的一致性。

对公司相对价值进行多元回归,结果见表 6—4,变量相关性同样见附表 6—1。回归结果说明,多元化导致公司相对价值的下降,当其他情况相同时,多元化公司比单一化公司的价值低 5.62%,而公司经营收入在行业的分散程度每下降 0.1,相对市场价值会上升 1.1%;同时公司股票的风险—收益特征也对公司的相对价值具有很好的解释能力:相对 Sharpe 比率

上升1,股票的相对市场价值上升6.5%左右。这与之前提出的市场模型一致:投资者关心股票的风险—收益特征,如果多元化公司股票的风险—收益水平低于其匹配投资组合,投资者选择出售多元化公司的股票,而买入相对应的若干单一化公司,自己进行多元化投资,从而导致多元化公司股票价值的下降。

其他变量方面,大规模的和上市时间长的公司股票的相对价值更低,代表市场对小公司和新公司在未来成长性上的重视;而业绩(NPM)相对好,对未来成长投资(CAPEXR)更多的公司,股票的价值也更高。股权结构方面,大股东和机构投资者持股相对多的公司股票价值也更大;而陷入财务困境的公司的股票价值高,说明了市场对其未来重组的预期。

表6—4　公司多元化策略、风险—收益特征对相对价值EV的回归检验

	系数	t 统计量	系数	t 统计量
常数项	5.530 3	46.736 7	5.527 0	46.660 5
DD	−0.056 2	−3.747 5		
DBH			−0.109 5	−3.118 7
LNS	−0.270 8	−46.133 9	−0.270 7	−46.081 8
NPM	0.203 8	5.952 2	0.204 2	5.962 1
CAPEXR	0.361 1	16.223 6	0.361 8	16.241 7
LSH	0.147 7	3.208 5	0.149 4	3.242 2
ISH	0.003 6	12.049 8	0.003 6	12.017 6
AGE	−0.002 9	−2.004 9	−0.003 0	−2.021 4
FD	0.314 2	6.620 5	0.313 2	6.596 0
ESR(M)	0.064 2	3.407 3		
ESR(S)			0.067 2	3.536 4
调整 R^2	0.372 5	0.372 1		

注:被解释变量为公司的相对价值EV,解释变量度量公司的多元化经营特征、风险—收益特征与其他基本面特征,包括:度量公司多元化程度的DD变量与DBH变量;LNS为公司销售收入的自然对数,度量公司的规模;NPM为销售净利润率,衡量公司的经营业绩;CAPEXR为公司过去3年的资本投资现金流(CAPEX)之和对销售收入之比,反映公司的未来成长性;以第一大股东持股比例LSH和机构持股比例ISH衡量公司的股权结构特征,剩余基本面控制变量为:从上市到现在的年数AGE,是否陷入财务困境FD;ESR(M)和ESR(S)分别表示以推算市值加权计算和销售收入加权计算的相对Sharpe比率,代表公司股票的风险—收益特征。回归分析采用公司一年数据,样本总数为5 287个。

下面我们将样本分成多元化公司和单一化公司两个子样本，分别对其相对价值进行回归检验，以期更深入地分析不同行业投资策略的公司中，风险—收益水平对公司价值的影响。回归结果见表 6—5。

表 6—5 单一化公司与多元化公司的风险—收益特征对相对价值的回归检验

	单一化公司样本			多元化公司样本		
	系数	t 统计量	概率	系数	t 统计量	概率
常数项	5.384 6	40.398 4	0.000 0	6.009 1	23.464 7	0.000 0
LNS	−0.263 8	−39.573 4	0.000 0	−0.296 8	−23.767 8	0.000 0
NPM	0.153 3	3.971 3	0.000 1	0.374 9	5.057 7	0.000 0
CAPEXR	0.367 7	13.491 2	0.000 0	0.339 5	8.795 4	0.000 0
LSH	0.174 3	3.189 1	0.001 4	0.078 5	0.917 0	0.359 3
ISH	0.003 8	10.884 9	0.000 0	0.003 2	5.293 0	0.000 0
AGE	−0.004 3	−2.613 2	0.009 0	0.000 5	0.157 3	0.875 1
FD	0.281 5	4.914 3	0.000 0	0.368 3	4.332 2	0.000 0
ESR(S)	0.061 1	2.823 9	0.004 8	0.087 1	2.212 9	0.027 1
调整 R^2	0.378 9		0.360 7			
样本数	3 788		1 499			

注：被解释变量为公司的相对价值，解释变量同表 6—4。以推算市值加权计算的相对 Sharpe 比率进行回归的结果与表 6—5 结果基本一致。

表 6—5 的结果基本与表 6—4 一致。但是，多元化公司样本中相对 Sharpe 比率的系数要显著(经过 Wald 检验)高于单一化公司样本，这说明多元化公司的相对价值对公司相对 Sharpe 比率的敏感性更强，多元化公司的投资者更看重股票的风险—收益特征。之前大量的研究认为，多元化公司的结构更复杂，代理成本更高，投资者面临更大的风险，这体现为表 6—1 的数据中，多元化公司的相对波动率显著高于单一化公司，并且多元化的市场价值对风险—收益特征更敏感。

五、股票收益与相对收益的资产定价分析

多元化研究的核心是分析公司的多元化是否能增加价值，而增加价值与否的判断标准建立在市场投资者对不同公司的定价上；由于市场价格变化剧烈，市场价格可能容易受到随机因素的影响，存在对公司非有效定价

的可能。本部分内容对股票进行资产定价分析，应用 Fama-French 三因素模型和一个包括了股票的相对 Sharpe 比率、股票上年相对价值等因素的模型分析公司股票的收益率与相对收益率，分析市场定价的合理性。我们采用多元回归分析股票收益率，变量的相关性检验见附表 6—2。

表 6—6　　公司股票收益的资产定价分析

变量	系数	t 统计量	概率	系数	t 统计量	概率	系数	t 统计量	概率
常数	−0.297 4	−11.065 0	0.000 0	−0.285 1	−10.625 7	0.000 0	−0.301 4	−11.178 0	0.000 0
BETA	0.037 0	14.767 3	0.000 0	0.037 8	15.131 9	0.000 0	0.036 5	14.493 8	0.000 0
BM	−0.152 7	−31.577 5	0.000 0	−0.160 6	−32.196 8	0.000 0	−0.152 6	−31.558 0	0.000 0
LNMV	0.015 8	13.320 1	0.000 0	0.015 4	12.980 2	0.000 0	0.016 0	13.419 6	0.000 0
EV(−1)				−0.010 4	−6.066 8	0.000 0			
ESR(−1)							−0.005 4	−1.762 3	0.078 1
调整 R^2	0.250 6			0.256 9			0.250 9		

注：本表应用公司一年数据，对于连续两年都具有有效数据的4 194个样本进行回归分析。其中被解释变量为股票的收益率；解释变量包括：股票的 Beta 系数(BETA)，账面价值对市场价值比率(BM)；市场价值的对数(LNMV)；公司股票上一年的相对价值 EV(−1)；公司上一年以推算市值加权计算的相对 Sharpe 比率 ESR(−1)。以销售收入加权计算的相对 Sharpe 比率进行回归的结果与表 6—5 结果基本一致。

从表 6—6 的结果看，以股票价格计算的市场价值存在一定的问题。三因素之外，上一年公司股票的相对价值 EV(−1)对当年的股票收益率具有显著的负影响：上年度价值损毁越大的公司，有更大的可能在下年度获得更高收益，上一年的相对 Sharpe 比率同样对当年的股票收益具有负影响。上述结果在一定程度上证实了 Lamont 与 Polk(2001)所提出的定价错误(Mispricing)观点，我们所观察到的公司价值损毁的一部分是因为定价的不合理，市场自身也在不断地纠错。

更进一步地，我们讨论投资于股票和投资于该股票的模拟组合在收益率方面的差别。表 6—7 展开对公司的相对收益的资产定价分析。

表 6—7　　公司股票相对收益的资产定价分析

	推算市值加权计算				销售收入加权计算			
常数	−0.014	−0.086	−0.082	−0.078	−0.013	−0.085	−0.081	−0.077
	(−0.722)	(−8.445)	(−7.992)	(−7.660)	(−0.660)	(−8.338)	(−7.885)	(−7.555)

续表

	推算市值加权计算				销售收入加权计算			
EB	0.048				0.047			
	(23.190)				(23.084)			
EVol		0.503	0.504	0.505		0.503	0.504	0.505
		(117.714)	(118.307)	(118.455)		(117.528)	(118.115)	(118.259)
BM	−0.039	−0.010	−0.013	−0.013	−0.039	−0.010	−0.013	−0.013
	(−10.898)	(−5.655)	(−6.945)	(−7.032)	(−10.853)	(−5.553)	(−6.838)	(−6.924)
LNMV	0.002	0.003	0.003	0.003	0.002	0.003	0.003	0.003
	(1.993)	(7.221)	(6.872)	(6.655)	(1.932)	(7.110)	(6.762)	(6.546)
EV(−1)			−0.004	−0.004			−0.004	−0.004
			(−5.781)	(−5.873)			(−5.754)	(−5.845)
DD				−0.003				−0.003
				(−3.281)				(−3.260)
调整 R^2	0.131	0.772	0.774	0.775	0.131	0.772	0.774	0.774

注:数据变量同表6—6,被解释变量为买入股票同时卖出其模拟组合的投资收益,即公司股票的相对收益ER;解释变量EB为公司相对于模拟组合P的相对Beta系数;EVol为公司相对于模拟组合P的相对波动率;BM为公司的账面价值对市场价值比率;LNMV为公司市场价值的对数;EV(—1)为公司在上一年的相对价值;DD为度量公司多元化水平的0—1变量,多元化公司为1,单一化公司为0。()内为 t 统计量。

表6—7的结果说明,相对波动率对于相对收益具有显著的正面影响,相对波动率每上升1%,相对收益上升约0.5%,并且对于公司的相对收益,相对波动率比相对Beta系数具有更好的解释能力,含有相对波动率的回归在调整R平方上得到了大幅地提高,说明投资者对于期望收益率的要求来自于对投资的全部风险的溢酬。

上一年的相对市场价值仍然对相对收益具有显著的负影响,市场价值折损的公司在下一年可望获得更高的相对收益;但另一方面,多元化0—1变量同样负显著,同等情况下,多元化公司比单一化公司的相对收益低0.3%。这说明,虽然由于定价错误,价值折损的程度可能在下一年得到一定程度的纠正,但相对于其模拟组合,多元化公司股票的投资得到更低的收益,多元化折价现象依然存在。

六、多元化公司的市场风险与经营风险

从上文的分析中我们发现，从投资者对于股票风险—收益特征的偏好可以解释多元化公司相对市场价值更低的现象：多元化公司股票的相对 Sharpe 比率比较低。而表 6－1 的结果揭示，多元化公司的相对收益并不低，但是其相对波动率显著高于单一化公司，从而导致了低的相对 Sharpe 比率。

对多元化公司比较直观的认识是公司通过多元化投资能够降低经营风险，为什么反而多元化公司的股票具有更高的波动率呢？我们进一步分析多元化公司经营效益的波动率。我们研究从 2006～2010 年一直保持多元化经营和一直保持单一化经营的公司，分析它们在经营业绩方面的稳定性。

表 6－8 选取了销售净利润率、总资产收益率以及扣除非正常损益后的净利润（调整净利润）三个指标衡量公司的经营效益，计算 2006～2010 年这些指标的变异系数（标准差对均值之比）以衡量其稳定性，比较多元化公司和单一化公司经营效益的波动。

表 6－8　　多元化公司和单一化公司经营稳定性的比较

	销售净利润率		总资产收益率		调整净利润	
	均值	中位数	均值	中位数	均值	中位数
单一化公司	9.533 6	0.416 0	1.388 5	0.427 3	1.888 9	0.597 5
多元化公司	2.713 9	0.587 5	4.720 6	0.450 6	8.552 8	0.838 3
t/Chi-sq (adj)	0.717 4	11.915 7	3.422 2	0.243 2	2.570 3	7.808 7
概率	0.473 3	0.000 6	0.000 6	0.621 9	0.010 3	0.005 2

注：研究样本为在 2006～2010 年一直保持单一化经营的公司 741 家，以及在此期间一直保持多元化经营的公司 185 家，计算这些公司在 5 年里的销售净利润率、总资产收益率和调整净利润的变异系数，并比较单一化公司和多元化公司在变异系数方面差异的显著性。

销售净利润率的均值表明，多元化公司的平均波动率较小，但不显著，而从中位数分析，多元化公司的波动程度显著高于单一化公司；从总资产收益率分析，在平均值和中位数上，多元化公司的波动程度都高于单一化公司，其中均值方面显著；从扣除了非正常损益后的调整净利润分析，多元化公司的平均值和中位数都显著高于单一化公司。这些数据说明，在公司经营效益的波动性方面，多元化公司更高，这在一定程度上解释了为何多元化公司股票的收益率具有更大波动性。

在财务理论中，通过多元化降低经营风险是公司多元化决策的动机之一，但表 6－8 的结果说明多元化不但没有降低，反而增加了经营风险。因此，中国公司的多元化实践表现出不同于发达市场的特点，笔者推测这些公司多元化只是为了暂时摆脱经营困境，而非长远考虑公司的发展。表 6－9 对 2007～2010 年上市公司通过多元化进入房地产行业和采矿行业的数据进行总结，同时对于退出这些行业的情况进行统计分析。

表 6－9　　上市公司进入和退出房地产行业、采矿行业的统计

	房地产行业		采矿行业	
	新进入	退出	新进入	退出
2007 年	52	34	31	113
2008 年	45	29	56	22
2009 年	45	25	94	41
2010 年	54	31	36	49
反复进入退出的公司数		68		143

注：反复进入退出的公司是指在 2007～2010 年的 4 年里，至少进入和退出该行业各 1 次的公司。

2007～2010 年间，同时存在大量的公司进入和退出房地产行业、采矿行业，更有 68 家公司和 143 家公司反复进入又退出房地产行业和采矿行业，这充分说明了这些公司在多元化决策方面的轻率程度。在不同的经济背景下，上市公司进退这些热点行业的决策，无疑加剧了市场炒作，增加了股票价格的波动性，加大了投资风险。

七、从市场投资者角度分析多元化公司价值的创新与发现

从市场投资者角度分析多元化公司股票的收益率及其相关特征，以解释多元化对公司价值的影响，是近期学术界对于多元化研究的创新；此外，从市场角度考察多元化对于公司价值的影响的一个优点在于，投资者从市场上现有的证券选择投资品种，从而影响公司的市场价值，因而完全规避了自选择问题对于研究的影响。本书对该领域的研究也作出了贡献。表 6－10 分析了本书与之前市场角度研究的差别，对比显示：本书在 Lamont & Polk(2001)的风险报酬率的基础上更进一步，拓展至证券的风险收益比，使得从市场角度的多元化研究增加了一个新的路径。

表 6－10　从市场投资者角度分析公司多元化的主要研究对比

研　究	研究思想	研究变量设计	研究样本	相关结论
Lamont & Polk (2001)	公司价值由未来现金流和折现率决定；通过分析多元化公司与单一化公司在收益率上的差别来解释多元化折价现象	收益率 相对收益率：多元化公司收益率与其对应的单一化公司投资组合的收益率之差	美国公司 1980～1998 年数据	折价的多元化公司较溢价的多元化公司具有更高的收益率
Chen 等 (2010)	对日本经连会(Keiretsu)成员公司与非成员公司进行研究，分析在不同经济环境下它们的股票投资风险的差别	对公司股票收益率的标准差进行拆分：(1) 公司层面波动率；(2) 行业层面波动率；(3) 市场水平波动率	东京证券交易所上市公司 1976～1998 年数据	经济萧条时期，经连会成员公司的股票具有更小的收益和更大的风险；经连会成员的公司层面风险转化为市场层面风险
Mitton & Vorkink (2010)	分析多元化公司的股票与单一化公司的股票在收益率的偏度方面的差别：投资者更愿意持有高偏度的股票，以保持更大的获得高收益率的机会	相对收益率相对偏度：多元化公司收益率偏度与其对应的单一化公司投资组合的收益率偏度之差	美国公司 1977～2003 年数据	单一化公司的相对偏度更高； 多元化公司的相对偏度越低，因而其价值折损程度越大；相对偏度对于多元化公司的相对收益率具有很好的解释能力
本研究	投资者偏好于高收益率、低风险的股票，通过比较多元化公司股票与其相对应的单一化公司股票组合在上述风险收益方面的特征，从市场投资者角度解释多元化折价现象	相对收益率 相对波动率 相对 Beta 系数相对 Sharpe 比率	中国公司 2006～2010 年数据	多元化公司的相对波动率高于单一化公司； 多元化公司的相对 Sharpe 比率低于单一化公司； 相对 Sharpe 比率对公司相对价值具有解释能力；多元化公司股票的高风险与其经营业绩的高波动性相对应

在表 6—10 的基础上，我们总结了从市场投资者角度研究公司多元化价值影响的思想和研究方法，见表 6—11。

表 6—11　　总结：从市场投资者角度研究公司多元化价值影响

公司证券的特征	内　容
收益率	以相对收益率度量
思想	收益率与公司未来现金流的折现率对应，高收益率可能导致公司折价(Lamont & Polk，2001)
实证发现	未能发现多元化公司的收益率高于单一化公司，但是折价的多元化公司的收益率高于溢价的多元化公司(Lamont & Polk，2001)
与公司经营的联系	有待研究
收益率的波动率	以相对波动率度量
思想	投资者对高波动率的股票要求获得高收益，因此高波动率同样可能导致公司折价(本研究)
实证发现	多元化公司的波动率高于单一化公司(本研究) 相对波动率对公司收益率具有很好的解释能力(本研究) 经济萧条时期多元化公司的波动率高于单一化公司，多元化降低了公司特定风险，但增加了市场风险(Chen 等，2010)
与公司经营的联系	多元化公司经营业绩的波动性同样高于单一化公司(本研究)
收益率与波动率结合	以相对 Sharpe 比率度量
思想	投资者偏好于高收益低风险的股票，即偏好于高相对 Sharpe 比率的股票，这类股票在市场上体现为溢价，而低相对 Sharpe 比率的股票则折价(本研究)
实证发现	多元化公司的相对 Sharpe 比率低于单一化公司(本研究) 相对 Sharpe 比率对公司相对价值具有很好的解释能力(本研究)
与公司经营的联系	由收益率和波动率共同决定(本研究)
Beta 系数	以相对 Beta 系数度量
思想	高 Beta 系数导致高收益率，从而带来公司折价(Chen 等，2010)
实证发现	多元化公司的相对 Beta 系数高于单一化公司(Chen 等，2010)
与公司经营的联系	有待研究
收益率的偏度	以相对偏度度量
思想	高正向偏度的股票获得潜在高收益的可能更大，因此投资者偏好于高偏度的股票，这类股票在市场上体现为溢价，低偏度的股票则表现为折价(Mitton & Vorkink，2010)
实证发现	多元化公司的相对偏度低于单一化公司(Mitton & Vorkink，2010) 相对偏度对公司收益率具有很好的解释能力(Mitton & Vorkink，2010) 相对偏度对公司相对价值具有很好的解释能力(Mitton & Vorkink，2010)
与公司经营的联系	有待研究

在有效市场上，投资者根据公司的相关信息做出对于公司未来经营的判断并进行交易，市场价格反映信息。这样，通过分析公司证券的市场价格，对其收益率相关特征进行研究，同样在一定程度上能够反映公司的经营情况，这就是从市场投资者角度进行多元化与公司价值研究的思想来源。

但在市场非完全有效的情况下，短期的市场价格可能背离公司的内在价值，因此，市场角度研究多元化价值还需要解决两个问题：一是讨论公司证券的收益率特征与公司经营的联系，二是开拓数量研究方法以去除非理性成份对于证券价格的影响。

八、总　结

公司多元化对价值的影响一直是学术界研究的热点，大多数研究比较多元化公司相对于单一化公司的市场价值，发现多元化公司存在价值损毁的现象，并从公司基本面特征进行分析；本章则着眼于市场投资者角度做出了创新性的研究，分析多元化公司的股票在收益率和风险方面的特征，并与公司基本面特征结合，讨论多元化公司的风险—收益特征对市场价值的影响。

投资者可以建立“模拟组合”，即对不同行业股票的投资组合，来模拟多元化公司的投资。实证发现，与这些模拟组合相比，多元化公司的股票在收益率方面并没有优势，而风险却更高；如果投资者偏好于进行高收益、低风险的投资，他们将放弃多元化公司的股票，而进行模拟组合的投资，从而体现为多元化公司的价值损毁。实证检验说明，采取相对 Sharpe 比率衡量的风险—收益特征能很好地解释公司的相对价值。

另一方面，市场价值波动大，容易受到随机因素的影响。本章的研究发现，市场价值存在一定的定价错误：相对市场价值低的公司股票在未来获得高收益的可能更大；尽管如此，多元化仍然对股票收益存在显著的负影响。这在一定程度上证实了多元化对价值的损毁，但由于存在定价错误，损毁程度并没有那么大。

Lamont 与 Polk(2001)对美国样本的研究未能发现投资风险对于多元化折价的解释能力，而本章对中国公司的研究却出现完全不同的观点，证明多元化公司的股票具有更大的投资风险，这可能是因为中国的公司治理普遍更差，管理层所做出的多元化决策是低效和损毁价值的；作为证据，本章进一步发现，多元化公司不仅在市场收益方面体现出较大的波动性，而且在经营效益方面也体现出更大的波动性。我们通过分析上市公司频繁进入和退出房地产行业以及采矿行业推测，这种高的波动性来自于我国公司经营的短视与随意性，进入和退出某个行业的经营并非出自增加市场价值的长期目标，这种频繁的进出刺激了市场的炒作，导致公司股票的波动剧烈，也对公司经营业绩带来更大的波动。

本章完善了市场角度分析多元化与公司价值这一研究分支。

附表 6—1　决定公司相对 Sharpe 比率的相关变量的相关性分析

	AGE	FD	LSH	DD	DBH	LNMV	LNS	NPM	PAYOUT	OWNERSHIP	ISH	ESR(M)	ESR(S)
AGE	1.000	0.078	−0.152	0.203	0.229	0.100	0.170	−0.073	−0.159	−0.276	0.085	0.040	0.038
FD	0.078	1.000	−0.063	0.003	−0.001	−0.120	−0.121	−0.303	−0.075	0.019	−0.093	0.004	0.004
LSH	−0.152	−0.063	1.000	−0.109	−0.118	0.251	0.245	0.106	0.085	−0.163	0.152	0.035	0.032
DD	0.203	0.003	−0.109	1.000	0.907	−0.060	−0.064	−0.026	−0.050	−0.033	−0.067	−0.036	−0.036
DBH	0.229	−0.001	−0.118	0.907	1.000	−0.057	−0.071	−0.023	−0.034	−0.037	−0.075	−0.037	−0.037
LNMV	0.100	−0.120	0.251	−0.060	−0.057	1.000	0.674	0.220	0.020	−0.154	0.486	0.078	0.076
LNS	0.170	−0.121	0.245	−0.064	−0.071	0.674	1.000	−0.001	0.023	−0.258	0.344	0.066	0.067
NPM	−0.073	−0.303	0.106	−0.026	−0.023	0.220	−0.001	1.000	0.066	0.044	0.137	0.075	0.073
PAYOUT	−0.159	−0.075	0.085	−0.050	−0.034	0.020	0.023	0.066	1.000	−0.008	−0.001	−0.032	−0.033
OWNERSHIP	−0.276	0.019	−0.163	−0.033	−0.037	−0.154	−0.258	0.044	−0.008	1.000	−0.095	0.014	0.015
ISH	0.085	−0.093	0.152	−0.067	−0.075	0.486	0.344	0.137	−0.001	−0.095	1.000	0.196	0.196
ESR(M)	0.040	0.004	0.035	−0.036	−0.037	0.078	0.066	0.075	−0.032	0.014	0.196	1.000	0.998
ESR(S)	0.038	0.004	0.032	−0.036	−0.037	0.076	0.067	0.073	−0.033	0.015	0.196	0.998	1.000

附表 6—2　公司资产定价分析的相关变量的相关性

	ER(M)	EVol(M)	EB(M)	ER(S)	EVol(S)	EB(S)	DD	BM	LNMV	EV(−1)	BETA	ESR(−1)
ER(M)	1.000	0.876	0.323	1.000	0.876	0.323	0.022	−0.142	0.044	0.028	0.310	−0.068
EVol(M)	0.876	1.000	0.544	0.875	1.000	0.543	0.054	−0.104	−0.019	0.069	0.500	−0.094
EB(M)	0.323	0.544	1.000	0.323	0.544	0.999	0.046	0.065	−0.031	0.002	0.892	−0.089
ER(S)	1.000	0.875	0.323	1.000	0.876	0.323	0.022	−0.143	0.044	0.028	0.309	−0.068
EVol(S)	0.876	1.000	0.544	0.876	1.000	0.543	0.055	−0.106	−0.018	0.068	0.499	−0.093
EB(S)	0.323	0.543	0.999	0.323	0.543	1.000	0.041	0.061	−0.028	0.000	0.889	−0.086
DD	0.022	0.054	0.046	0.022	0.055	0.041	1.000	−0.014	−0.062	−0.016	0.007	−0.054
DBH	0.023	0.059	0.062	0.023	0.059	0.057	0.904	−0.001	−0.052	−0.012	0.017	−0.055
BM	−0.142	−0.104	0.065	−0.143	−0.106	0.061	−0.014	1.000	−0.157	−0.249	0.157	−0.017
LNMV	0.044	−0.019	−0.031	0.044	−0.018	−0.028	−0.062	−0.157	1.000	−0.022	−0.078	0.084
EV(−1)	0.028	0.069	0.002	0.028	0.068	0.000	−0.016	−0.249	−0.022	1.000	0.015	0.006
BETA	0.310	0.500	0.892	0.309	0.499	0.889	0.007	0.157	−0.078	0.015	1.000	−0.114
ESR(−1)	−0.068	−0.094	−0.089	−0.068	−0.093	−0.086	−0.054	−0.017	0.084	0.006	−0.114	1.000

第七章　结　论

多元化经营有损公司价值的观点在发达市场获得较为普遍的认可，但在新兴市场中，由于公司经营环境与发达市场的差异可能出现不同的研究结论。Khanna & Palepu(2000)认为，在新兴市场上，由于公司的外部市场环境不够完善，内部资本市场可以充当外部市场的有效替代，降低公司的经营成本，为公司创造价值；另一方面，多元化公司相比单一化公司更严重的信息不对称和薄弱的公司治理也会带给公司负面效应，多元化对公司价值的影响取决于公司经营的具体内、外部环境，是一个实证性问题。

本书选择了2006～2010年全流通A股上市公司为研究对象，分别从横截面研究、动态研究和市场角度考察多元化经营策略对公司价值的影响。在此之前的国内学术界虽然就该命题已做过一定的实证研究，但由于数据有限、研究视野相对狭窄，对多元化价值影响的认识尚不够全面深入；加之实施股权分置改革后公司的股权结构和经营环境有较大的变化，需要对该问题重新加以考察。本研究通过多角度审视多元化对公司价值的影响，期望对其有一个更新、更全面的认识。

本书的横截面研究发现了全样本下的多元化折价现象，表明平均而言多元化的负面效应超过正面效应，代理问题引发的高成本仍然占据多元化效应的主要方面。中国上市公司的股权分布相对集中，第一大股东往往具有控股地位，大股东和小股东之间的代理问题代替了美国市场的股东与管理层之间的代理问题，成为公司治理的主要矛盾。而由于历史和制度安排的原因，国有持股在第一大股东中占据了相当的比重。考虑到国有上市公司和非国有上市公司面临的外部市场条件和受到的政府干预程度不同，文章将样本分为国有和非国有两个子样本分别进行考察，发现国有上市公司价值折损幅度大于非国有上市公司。文章认为，由于比较容易获得资金和政策的扶持，国有公司的融资约束不强，内部资本市场的正向效应不突出，而国有公司在多元化动机上的偏差和低效率的投资行为导致了多元化对国有公司的价值损害程度更高。

之后本书转换到动态视角检查多元化的价值影响，该部分的研究是对国内多元化动态研究空白的填补。动态视角可以通过多元化决策前后公司的特征变化，分析多元化的动因、公司价值变化与公司特征之间的关系；此外，该方法的优点还在于，可以引入归核化决策作为多元化决策研究的反证。实证发现，多元化决策与归核化决策均具有自选择特征。年龄更大、机构投资者更少、已初步介入多个行业的公司更倾向于采用多元化投资策略；特别地，相对价值更低的公司具有更大的多元化决策的概率，因此大部分多元化公司早在进入多元化经营前就体现出折价的特征。

实证无法对多元化决策对公司价值的短期影响给出确定的结论；但是随着进入多元化经营的时间的延长，公司价值出现明显的折损。文章认为这是由于多元化对企业价值的负面影响逐渐累积，最终对企业价值造成损毁，这与截面式研究得出多元化损毁公司价值的结论相一致。更进一步的研究表明多元化后企业业绩虽然有改善，但与同行业的单一化公司比较，利润率的差距在不断扩大，导致多元化公司的相对价值较低。

公司的归核化决策同样具有自选择特征。在归核化之前，这些公司就具有比较高的相对价值，另外，陷入财务困境或负债率高的公司更倾向于通过出售一部分业务获取资金，摆脱困境。实证结果显示，归核化决策通过摆脱非核心业务，回归主业，提高公司利润率，能够显著提升公司相对价值。

前两部分的实证研究均从公司基本面特征入手，分析影响公司效率或收益的内外部因素；实证的第三部分以 Lamont 与 Polk(2001)的思想为基础，站在市场投资者角度，分析多元化公司的股票在收益率和风险方面的特征，及该风险—收益特征对公司市场价值的影响。该部分的研究属于多元化研究较前沿的领域，为从市场角度对诠释多元化折价做了有益的尝试。

Lamont 与 Polk(2001)证明了多元化公司的价值不仅受到公司现金流的影响，还受到公司预期回报率的影响。受到该文思想的启发，本文的主要论点在于，投资者可以选择不同行业股票的投资组合，也可以选择直接投资多元化经营的公司。文章建立了由各行业单一化公司组成的、模拟多元化公司的投资组合，发现与这些模拟组合相比，多元化公司的股票在收益率方面并没有优势，而风险却更高；理性投资人将放弃多元化公司的股票，而进行模拟组合的投资，从而体现为多元化公司的价值损毁。文章采取相对 Sharpe 比率衡量的风险—收益特征，很好地解释了多元化公司的折价现象。研究还发现市场对多元化公司存在一定的定价错误，考虑到该因素，多元化对价值的损毁程度并没有表面那么大。

文章进一步探究多元化公司的股票具有更大的投资风险的原因，多元化公司不仅在市场收益方面体现出较大的波动性，而且在经营效益方面也体现出更大的波动性。文章认为这种高的波动性来自于我国公司治理的不完善，公司更注重短期目标，进入和退出某个行业的随意性较强，这种随意性带给公司经营业绩更大的波动性。

总体而言，本书证实了中国上市公司多元化至少有一部分出自本身的需要，由于市场对公司评价较低，公司业绩不佳，欠缺投资机会等原因，公司需要通过投资决策改善其处境。然而多元化后的公司却发生折价现象，这种折价既来自现金流方面，即多元化公司经营业绩更低，同时来自收益率方面，即多元化公司的风险更大。文章认为，导致多元化公司出现这些问题的原因在于，很多时候公司在进行多元化决策时并没有真正考虑公司在经营方面的优劣，而是比较轻率地进出热门行业，造成公司业绩相比单一化公司非但没有提升，业绩的波动性反而增加，因而从长期而言，这种投资并不能为公司增加价值。

然而，本书的实证结果并不能说明多元化策略在中国必然不能发挥正面作用。如果在多元化决策时能更多地以公司价值最大化为指导原则，正确分析公司竞争优势，多元化仍有可能为公司增加价值。

笔者对研究样本做进一步分析时，发现多元化程度与公司市场评价呈现出一种非线性关系。表7－1描述了这种非线性关系。以超过公司销售收入10%的行业数计算，样本公司被分为单个行业公司、跨2个行业公司、跨3个及以上行业的公司，两两进行比较。两类公司差异的显著性用概率表示。

表7－1　　　　不同多元化程度公司的相对价值

		相对价值EV（均值）	相对价值EV（中位数）
单个行业公司		－0.004 6	－0.015 7
跨2个行业公司		－0.032 9	－0.043 6
与单个行业公司差异	t/Chi-sq(adj)	1.456 3	1.294 5
	概率	0.145 4	0.143 1
跨3个及以上行业公司		0.114 1	0.110 6
与单个行业公司差异	t/Chi-sq (adj)	2.998 8	3.952 4
	概率	0.002 7	0.004 3
与跨2个行业公司差异	t/Chi-sq (adj)	3.528 9	5.080 4
	概率	0.000 4	0.000 8

从相对价值 EV 来看，跨 2 个行业的公司相对价值 EV_2 虽然比单一化公司相对价值 EV_1 小，但差别不明显；跨 3 个及以上行业的公司相对价值 EV_3 最高，表明市场对跨 3 个及以上行业的公司评价相对最高。这个结果与 Lang & Stulz(1994)及其他实证所发现的多元化折价随公司跨行业数量增加而愈加严重的现象相矛盾。一般学者认为，随着跨行业数量增加，多元化公司的架构愈加复杂，公司治理的矛盾愈发突出，因而对公司价值有不利影响。而中国上市公司的情况表明，跨 3 个及以上行业的公司有着我们还未知晓的优势，值得去探究。

由于公司数据时间跨度较短，跨 3 个及以上行业的公司一年数据只有 243 个，所以难以通过统计的方法得出确切的结论。但关注并研究这一现象有利于加深对有效的行业多元化的理解。

本书还存在一定的不足和欠缺。

首先，文章重点考察了控股股东性质对多元化公司相对价值的影响，而没有深入考察公司治理对公司决策的影响。由于经理人是由控股股东指定的，文章假设经理人与控股股东的利益一致，这种假设可能仅对非国有公司适用。事实上，国有公司存在股东主体缺失的问题，大股东对经理人的监督可能不力，因而经理人有可能违背大股东意愿，做出损害股东利益而最大化私有利益的行业投资决策。因此，国有持股公司中经理人代理问题应该相对突出，而其多元化折价可能在一定程度上与代理问题有关。

其次，由于上市公司分行业数据的限制，无法直接验证多元化公司内部是否进行低效率资金配置，因而文章没有考察多元化公司内部资本市场的有效性，客观上对多元化的价值影响的考察缺失了一部分内容。

最后，样本所取年限较短，只包含了 2006～2010 年 5 年的数据，也由于无法获得 2006 年之前公司准确的市场价值，趋势性的研究受到很大限制。

参考文献

[1]洪道麟,熊德华. 中国上市公司多元化与企业绩效分析——基于内生性的考察[J]. 金融研究,2006, 11:33-43.

[2]庞德良. 现代日本企业产权制度研究——日本"公司主义"的经济学分析[M]. 北京: 中国社会科学出版社, 2001:105-136.

[3]干春晖. 并购实务[M]. 北京:清华大学出版社,2004:1-21.

[4]卢建新. 股权结构、公司治理与内部资本市场效率[J]. 中南财经政法大学学报,2009,4:120-125.

[5]邵军,刘志远."系族企业"内部资本市场有效率吗——基于鸿仪系的案例研究[J]. 管理世界,2007, 6: 114-121.

[6]苏冬蔚. 多元化经营与企业价值:我国上市公司多元化溢价的实证分析[J]. 经济学(季刊), 2005, 4: 135-158.

[7]威廉·格·谢佩德. 市场势力与福利导论[M]. 北京: 商务印书馆, 1980.

[8]许艳芳,张伟华,文旷宇. 系族企业内部资本市场功能异化及其经济后果——基于明天科技的案例研究[J]. 管理世界,2009 年增刊:103-109.

[9]姚俊, 吕源, 蓝海林. 我国上市公司多元化经济绩效关系的实证研究[J]. 管理世界, 2004, 11: 119-135.

[10]袁淳,思森,陈玥. 大股东控制、多元化经营与现金持有价值[J]. 中国工业经济,2010, 4: 141-150.

[11]王峰娟,邹存良. 多元化程度与内部资本市场效率[J]. 管理世界, 2009, 4: 153-161.

[12]张翼,刘巍,龚六堂. 中国上市公司多元化与公司业绩的实证研究[J]. 金融研究, 2005, 9: 122-136.

[13]朱江. 我国上市公司的多元化战略和经营业绩[J]. 经济研究, 1999, 11:54-60.

[14]Aggarwal, R., and A. Samwick. Why Do Managers Diversify Their Firms? Agency Reconsidered[J].*Journal of Finance*,2003, 58(1): 71—188.

[15]Ahn, S., and D. J. Denis, Internal Capital Markets and Investment Policy: Evidence from Coporate Spin-offs [J].*Journal of Financial Economics*,2004,71(3):489—516.

[16]Ahn, S., and M.D.Walker. Corporate Governance and the Spinoff Decision [J].*Journal of Corporate Finance*, 2007, 13(1):76—93.

[17]Alchian, A.. Some Economics of Property Rights Il Politico [M], 30:816—829. (Originally published in 1961 by the Rand Corporation). Reprinted in Alchian, A., Economic Forces at Work. *Liberty Press*, Indianapolis, IN.

[18]Almeida, H., and D. Wolfenzon. Should Business Groups be Dismantled? The Equilibrium Costs of Efficient Internal Capital Markets [J].*Journal of Financial Economics*, 2006, 79(1): 99—144.

[19]Anjos, F.. Costly Refocusing, the Diversification Discount, andthe Pervasiveness of Diversified Firms [J]. *Journal of Corporate Finance*, 2010, 16(3): 276—287.

[20]Ansoff, H.I.. Strategies for Diversification [J].*Harvard Business Review*, 1957, 35(5): 113—124.

[21]Bae, S.C., T. H. Kwon, and J.W. Lee. Does Corporate Diversification by Business Groups Create Value? Evidence form Korean Chaebols [J].*Pacific-Basin Finance Journal*, 2010, 19(5): 535—553.

[22]Bertrand, M. and S. Mullainathan. How Much should We Trust Differences-in-Differences Estimates? [R]. NBER Working Paper 8841,2001.

[23]Berger, P., and E. Ofek. Diversification's Effect on Firm Value [J].*Journal of Financial Economics*, 1995, 37(1): 39—66.

[24]Bernardo, A., J. Luo and J. Wang. A Theory of Socialistic Internal Capital Markets [J]. *Journal of Financial Economics*, 2006, 80(3): 485—509.

[25]Billet, M.T. and D.C. Mauer. Cross-Subsidies, External Financing Constraints, and the Contribution of the Internal Capital Market to Firm Value [J].*Review of Financial Studies*,2003,16(4):1167—

1201.

[26]Borghesi, R., J. Houston and A.Naranjo. Value, Survival, and the Evolution of Firm Organizational Structure[J]. *Financial Management*, 2007, 36(3): 5—31.

[27]Campa, J. M. and S. Kedia. Explaining the Diversification Discount [J]. *Journal of Finance*, 2002, 52(4): 1731—1762.

[28]Cao, J., X. Pan, and G. Tian. Disproportional Ownership Structure and Pay-performance Relationship: Evidence from China's Listed Firms [J]. Journal of Corporate Finance, 2011, 17(3): 541—554.

[29]Chandler, A.D.. TheStructure of American Industry in The Twenties Century: A Historical Overview [J]. *The Business History Review*, 1969, 43(3): 255—298.

[30]Chandler, A.D.Jr.. *The Visible Hand*[M]. Cambridge, Mass: The Belknap Press of Harvard University Press, 1977.

[31]Chandler, A.D. Jr.. *Scale and Scope: The Dynamics of Industrial Capitalism*[M]. Cambridge, Mass: The Belknap Press of Harvard University Press, 1990.

[32]Chen, C., C. J. Yu. Managerial Ownership, Diversification, and Firm Performance: Evidence from an Emerging market [J]. *International Business Review*, 2011, 21(3): 518—534.

[33]Chen, C., W. Guo, and N. Tay. Are Member Firms of Corporate Groups Less Risky [J]. *Financial Management*, 2010, 39(1): 59—82.

[34]Cloak, G. and T. Whited. Spin-offs, Divestitures, and Conglomerate Investment [J]. *The Review of Financial Studies*, 2007, 20(3): 557—595.

[35]Coase, R.H.. The Nature of the Firm [J]. *Economica*, 1937, 4(16): 386—405.

[36]Comment, R and G. Jarrell. Corporate Focus and Stock Return [J]. *Journal of Financial Economics*, 1995, 37(1): 67—87.

[37]Delios, A., N. Zhou and W. Xu. Ownership Structure and the Diversification and Performance of Publicly-listed Companies in China [J]. *Business Horizon*, 2008, 51(6): 473—483.

[38]Denis, D.J., D.K. Denis and A. Sarin. Agency Problems, Equity Ownership, and Corporate Diversification [J]. *Journal of Finance*,

1997, 52(1):135—160.

[39]Denis, D.J., D.K. Denis, and K. Yost. Global Diversification, Industrial Diversification and Firm Value [J]. *Journal of Finance*, 2002, 57(5):1951—1979.

[40]Dimitrov, V., and S. Tice. Corporate Diversification and Credit Constraints: Real Effects across the Business Cycle [J]. *The Review of Financial Studies*, 2006, 19(4): 1465—1498.

[41]Dittmar, A.K., and A. Shivdasani. Divestures and Divisional Investment Policies [J]. *Journal of Finance*, 2003, 58(6): 2711—2744.

[42]Doukas, J. A., and O. B. Kan. Investment Decisions and Internal Capital Markets: Evidence from Acquisitions [J]. *Journal of Banking & Finance*, 2008, 32(8): 1484—1498.

[43]Du, Lu, and Tao. Property Rights Protection and Firm Diversification: Evidence from China[R]. Working Paper, 2008.

[44]Dunn, K. A., and S. Nathan. Analyst Industry Diversification and Earnings Forecast Accuracy [J]. *Journal of Investing*, 2005, 14(2): 7—14.

[45]Faccio, M.. Politically Connected Firms [J]. *American Economic Review*, 2006, 96(1): 369—386.

[46]Fan, J., J. Huang, R. Morck, and B. Yeung. Vertical Integration, Institutional Determinants and Impact: Evidence from China[R]. NBER Working Paper No. 14650, 2009.

[47]Fan, J., J. Huang, F. Oberholzer-Gee, and M. Zhao. Corporate Diversification in China: Causes and Consequences [R]. CEI Working Paper Series, No. 2008—3.

[48]Fan, J., J. Huang, F. Oberholzer-Gee, and M. Zhao. Bureaucrats as Managers—Evidence from China[R]. DBJ discussion paper series No.1002, 2010.

[49]Fan, J., K. Wei, and X. Xu. Corporate Finance and governance in Emerging Markets: A Selective Review and an Agenda for Future Research [J]. *Journal of Corporate Finance*, 2011, 17(2): 207—214.

[50]Fama, E. F., and K. R. French. The Cross-section of Expected Stock Returns [J]. *Journal of Finance*, 1992, 47(2): 427—465.

[51]Fauver, L., J. Houstonand A. Naranjo. Capital Market Development, International Integration, Legal Systems, and the Value of Corporate Diversification: A Cross-country Analysis [J].*Journal of financial and Quantitative Analysis*, 2003, 38(1):135—157.

[52]Fauver, L., J. F. Houston, and A. Naranjo. Cross-country Evidence on the Value of Corporate Industrial and International Diversification [J]. *Journal of Corporate Finance*, 2004, 10(5): 729—752.

[53]Ferdinand A. Gul, Jeong-Bon Kim, and Annie A. Qiu. Ownership Concentration, Foreign Share Holding, Audit Quality, and Stock Price Synchronicity:Evidence from China [J].*Journal of Financial Economics*,2010,95(3):425—442.

[54]Freund, S., Trahan E. A., and Vasudevan G. K.. Effects of Global and Industrial Diversification on Firm Value and Operating Performance [J]. *Financial Management*,2007,36:143—161.

[55]George S. *Yip*,*Asian Advantage—Key Strategies for Winning in the Asia-Pacific Region*[M]. Addison-Wesley,1998.

[56]Gertner, R., E. A. Powers, and D. S. Scharfstein. Learning About Internal Capital Markets from Corporate Spin-offs [J].*Journal of Finance*, 2002,57(6):2479—2506.

[57]Gibbons, R., and K.J. Murphy. Optimal Incentive Contracts in the Presence of Career Concerns: Theory and Evidence [J].*Journal of Political Economy*, 1992, 100(3): 468—505.

[58]Gomes, J., and D. Livdan. Optimal Diversification: Reconciling Theory and Evidence[J].*Journal of Finance*, 2004, 59(2): 507—535.

[59]Goranova, M., T.M. Alessandri, P. Brandes, and R. Dharwadkar. Managerial Ownership and Corporate Diversification: a Longitudinal View [J].*Strategic Management Journal*, 2007, 28(3): 211—225.

[60]Gort, M..*Diversification and Integration in American Industry* [M]. Princeton:*National Bureau of Economic Research*, 1962.

[61]Graham, J. R., M. L. Lemmon and J. G. Wolf. Does Corporate Diversification Destroy Value? [J].*Journal of Finance*, 2002, 57(2): 695—720.

[62]Grant, R.M., and Thomas, H. Diversity and Profitability: Evi-

dence and Future Research directions. In A.M. Pettigrew, ed., *Competitiveness and the Management Process*. Oxford: Basil Blackwell, 1988: 68—85.

[63]Hoechle, D., M. Schmid, I. Walter and D. Yermack. How Much of the Diversification Discount Can be Explained by Poor Corporate Governance [J]. *Journal of Financial Economics*, 2012, 103(1): 41—60.

[64]Hoskisson, R.E., and Hitt, M.A.. Antecedents and Performance Outcomes of Diversification: A Review and Critique of Theoretical Perspectives [J]. *Journal of Management*, 1990, 16(2): 461—509.

[65]Hund, J., D. Monk and S. Tice. Uncertainty about Average Profitability and the Diversification Discount [J]. *Journal of Financial Economics*, 2010, 96(3): 463—484.

[66]Jensen, M.C.. Agency Costs of Free Cash Flow, Corporate Finance and Takeovers [J]. *American Economic Review*, 1986, 76(2): 323—329.

[67]Jiang, G., C. Lee, and H.Yue. Tunneling in China: The Surprising Pervasive Use of Corporate Loans to Extract Funds from Chinese Listed Companies [R]. *Cornell University*, Working Paper, 2005.

[68]Jiraporn, P., Y. S. Kim, W. N. Davidson, and M. Singh. Corporate Governance, Shareholder Rights and Firm Diversification: An Empirical Analysis [J]. *Journal of Banking and Finance*, 2006, 30(3): 947—963.

[69]Kaplan, S.N., and M.S. Weisbach. The Succcess of Acquisitions: Evidence from Divestitures [J]. *Journal of Finance*, 1992, 47(1): 107—138.

[70]Khanna, T. and K. Palepu. Why Focused Strategies May Be Wrong for Emerging Market [J]. *Harvard Business Review*, 1997, 75(4): 41—51.

[71]Khanna, T. and K. Palepu. Is Group Affiliation Profitable in Emerging Markets? An Analysis of Diversified Indian Business Groups [J]. *The Journal of Finance*, 2000, 55(2): 867—891.

[72] Khanna, T. and Y. Yafeh. Business Groups and Risk Sharing Around the World [J]. *Journal of Business*, 2005, 78(1): 301—340.

[73]La Porter R., F. Lopez-de-Silanes, A. Shleifer and R. Vishny. In-

vestor Protection and Corporate Governance [J]. *Journal of Financial Economics*, 2000, 58(1-2):3-27.

[74]Laeven, L. and R. Levine. Is There a Diversification Discount in Financial Conglomerates [J]. *Journal of Financial Economic*, 2007, 85(2):331-367.

[75]Lamont, O. A., and C. Polk. The Diversification Discount: Cash Flows versus Returns [J]. *Journal of Finance*, 2001, 56(5):1693-1721.

[76]Lang, L. and R. Stulz. Tobin's q, Corporate Diversification, and Firm Performance[J]. *Journal of Political Economy*, 1994, 102(6): 1248-1280.

[77]Lewellen, W. G.. A Pure Financial Rationale for the Conglomerate Merger [J].*Journal of Finance*, 1971, 26(2): 521-537.

[78]Li, K. and N.R. Prabhala.*Self-Selection Models in Corporate Finance*[M]. in B.E. Eckbo,*Handbook of Corporate Finance*, volume 1. Elsevier B.V., 2007: 41-56.

[79]Li, K., H. Yue, and L. Zhao. Ownership, Institutions, and Capital Structure: Evidence from China [J].*Journal of Comparative Economics*,2009,37(3):471-490.

[80]Lins, K. and H. Servaes. International Evidence on the Value of Corporate Diversification [J].*Journal of Finance*,1999,54(6):2215-2239.

[81]Lins, K. and H. Servaes. Is Corporate Diversification Beneficial in Emerging Markets? [J].*Financial Management*,2002,31(2):5-31.

[82]Lin, C. and D. Su. Industrial Diversification, Partial Privatization and Firm Valuation: Evidence from Publicly Listed Firms in China [J]. *Journal of Corporate Finance*, 2008, 14(4): 405-417.

[83]Liu, Q., and Z. Lu. Corporate Governance and Earnings Management in the Chinese Listed Companies: A Tunneling Perspective [J].*Journal of Corporate Finance*,2007, 13(5): 881-906.

[84]Lyandres, E.. Strategic Cost of Diversification [J].*The Review of Financial Studies*, 2007, 20(5): 1901-1940.

[85]Majd, S., and S. C. Myers.*Tax Asymmetries and Corporate Income Tax Reform*[M]. In M. Feldstein (Ed.),*Effects of Taxation on Capital Accumulation*.1987, Chicago, IL: University of Chicago

Press.

[86]Maksimovic, V. and G. Phillips. The Market for Corporate Assets: Who Engages in Mergers and Assets Sales and Are There Efficiency Gains? [J].*Journal of Finance*, 2001, 56(6):2019—2065.

[87]Maksimovic, V. and G. Phillips. Does Conglomerate Firms Allocate Resources Inefficiently Across Industries? Theory and Evidence [J]. *Journal of Finance*, 2002, 57(2): 721—767.

[88]Maksimovic V. and G. Phillips. The Industry Life Cycle, Acquisitions and Investment: Does Firm Organization Matter? [J]. *Journal of Finance*, 2008, 63(2): 673—708.

[89]Markides,C.C..*Diversification, Refocusing, and Economic Performance*[M].*Cambridge*:The MIT Press,1995.

[90]Matsasuka, J.G. Corporate Diversification, Value Maximization and Organizational Capabilities [J].*Journal of Business*,2001,74(3): 409—431.

[91]May, D.O.. Do Managerial Motives Influence Firm Risk-Reduction Strategies? [J].*Journal of Finance*,1995,50(4): 1291—1308.

[92]Mitton and K. Vorkink. Why Do Firms with Diversification Discounts Have Higher Expected Returns[J]. *Journal of Financial and Quantitative Analysis*,2010, 45(6):1367—1390.

[93]Montgomery, C.A.. Corporate Diversification[J]. *Journal of Economic Perspectives*,Summer 1994, 8(3): 163—178.

[94]Nam, J., C. Tang, J. H. Thornton Jr. and K. Wynne. The Effect of Agency Costs on the Value of Single-Segment and Multi-Segment Firms [J]. *Journal of Corporate Finance*,2006,12(4):761—782.

[95]Paster, L., and P. Veronesi. Stock Valuation and Learning about Profitability [J]. *Journal of Finance*, 2003, 58(5): 1749—1789.

[96]Penrose, E.. *The Theory of the Growth of the Firm*[M]. Oxford: Basil Blackwell, 1959.

[97]Porter, M.E.. From Competitive Advantage to Corporate Strategy [J].*Harvard Business Review* (May—June),1987,65(3): 43—60.

[98]Rajan, R., H. Servaes and L. Zingales. The Cost of Diversify: the Diversification Discount and Inefficient Investment [J]. *Journal of Finance*,2000, 55(1):35—80.

[99]Rumelt, R.P..*Strategy, Structure, and Economic Performance*

[M].Division of Research. Harvard Business School, Boston, 1974.

[100]Rumelt, R.P.. Diversification Strategy and Profitability [J]. *Strategic Management Journal*, 1982, 3(4): 359—369.

[101]Santalo, J. and M. Becerra. Competition from Specialized Firms and the Diversification-Performance Linkage[J]. *Journal of Finance*,2008,63(2):851—883.

[102]Scharfstein, D.S. and J. Stein. The Dark Side of Internal Capital Markets: Division Rent-seeking and Inefficient Investment [J]. *Journal of Finance*, 2000, 55(6):2537—2564.

[103]Schmid, M., andI. Walter. Do Financial Conglomerates Create or Destroy Economic Value [J]. *Journal of Financial Intermediation*, 2009, 18(2): 193—216.

[104]Shieh, S.. Is Bigger Better? [J]. *China Business Review*, 1999, 26(3):50—54.

[105]Shin, H.H. and Y. S. Park. Financing Constraints and Internal Capital Markets: Evidence from Korean Chaebols [J]. *Journal of Corporate Finance*, 1999, 5(2):169—191.

[106]Shleifer, A.. State versus Private Ownership[J]. *Journal of Economic Perspective*, 1998, 12(4):133—150.

[107]Shleifer, A., and R. Vishny. Management Entrenchment: The Case of Manager-specific Assets [J]. *Journal of Financial Economics*, 1989, 25(1): 123—140.

[108]Shleifer, A. and R. Vishny. Politics and Firms [J]. *Quarterly Journal of Economics*, 1994, 109(4): 995—1025.

[109]Stowe J. D., X. Xing. Can Growth Opportunities Explain the Diversification Discount[J]. *Journal of Corporate Finance*, 2006, 12(4): 783—796.

[110]Stein J.. Internal Capital Markets and the Competition for Corporate Resources [J]. *Journal of Finance*, 1997,52(1):111—131.

[111]Stulz, R. M.. Managerial Discretion andOptimal Financing Policies [J]. *Journal of Financial Economics*, 1990, 26(1): 3—27.

[112]Sun, Q., and W. Tong, China Share Issue Privatization: the Extent of its Success [J]. *Journal of Financial Economics*, 2003, 70(2): 183—222.

[113]Teece, D. J.. Economies of Scope and the Scope of the Enterprise

[J]. *Journal of Economic Behavior and Organization*, 1980,1(3): 223—247.

[114] Villalonga, B.. Does Diversification Cause the "Diversification Discount"? [J]. *Financial Management*,2004,33(2):39—66.

[115]Wei, Z., F. Xie, and S. Zhang, Ownership Structure and Firm Value in China's Privatized Firms: 1991—2001 [J]. *The Journal of Financial and Quantitative Analysis*, 2005, 40(1):87—108.

[116]Weston, J.F., M.L. Mitchell, and J.H. Mulherin. *Takeovers, Restructure, and Corporate Governance* [M]. *Pearson Prentice Hall*, 2004: 311—327.

[117]Williams, J.R., B.L. Paez, and L. Sanders. Conglomerates Revisited [J]. *Strategic Management Journal*, 1988,9(5): 403—414.

[118]Yan, A.. Value of Conglomerates and Capital Market Conditions [J]. *Financial Management*, 2006, 35(4):5—30.

后 记

本书是在我博士论文的基础上完善而成的。在复旦大学管理学院攻读博士学位的几年里，许多人在学习上给予了我关心和帮助，借此机会我想向以下各位表示真诚的谢意：

首先，感谢我的导师——复旦大学管理学院的孔爱国教授。在博士学习的起步阶段，他指导我阅读大量文献，打好科研基础；博士论文写作期间，他耐心地指导我进行论文的选题，启发我的研究思路。尽管孔老师工作繁忙，他仍然不时关心我的写作进度，指导论文的结构，不厌其烦地一遍遍帮助我对论文进行修改。可以说，正是孔老师的悉心指导，才使我能够顺利地完成博士论文的写作。

其次，在几年的学习时间里，我还得到了复旦大学管理学院很多老师的帮助，特别是王克敏教授、徐剑刚教授、王小卒教授，他们牺牲了很多时间，在论文的写作过程中给我提供了宝贵的意见和建议。

最后，感谢我的家人，无论在生活方面还是学习方面给了我大力的鼓励和支持，为我提供了坚强的后盾。

王　辉

2015 年 7 月于上海